夏涛◎著

SALE

卖给全世界

外贸整合营销实战攻略

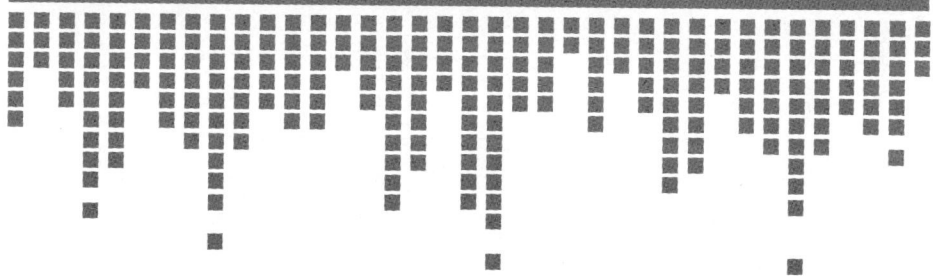

中国财富出版社

图书在版编目（CIP）数据

卖给全世界：外贸整合营销实战攻略／夏涛著．—北京：中国财富出版社，2015.4

ISBN 978－7－5047－5565－0

Ⅰ.①卖…　Ⅱ.①夏…　Ⅲ.①对外贸易—市场营销学　Ⅳ.①F740.4

中国版本图书馆 CIP 数据核字（2015）第 036376 号

策划编辑	宋　宇		**责任印制**	何崇杭
责任编辑	王　波　赵笑梅		**责任校对**	饶莉莉

出版发行	中国财富出版社		
社　　址	北京市丰台区南四环西路 188 号 5 区 20 楼	**邮政编码**	100070
电　　话	010－52227568（发行部）	010－52227588 转 307（总编室）	
	010－68589540（读者服务部）	010－52227588 转 305（质检部）	
网　　址	http://www.cfpress.com.cn		
经　　销	新华书店		
印　　刷	北京京都六环印刷厂		
书　　号	ISBN 978－7－5047－5565－0/F·2315		
开　　本	710mm×1000mm　1/16	**版　次**	2015 年 4 月第 1 版
印　　张	13.5	**印　次**	2015 年 4 月第 1 次印刷
字　　数	175 千字	**定　价**	35.00 元

老友对我出第一本书的赠言

和夏涛先生共事的日子里，曾几次说他是一只对猎物缺乏敏锐嗅觉和快捷反应的猫。我以为，作为一个销售经理，他像我一样缺乏足够的精明和爆发力。转眼 10 年过去了，无数同伴因为失败或者有所收获而离开了外贸电子商务领域，而夏涛先生一直坚持至今并有了一番新天地。他让我看到了中国人身上弥足珍贵并逐渐流失的一些民族特征：温良忍让中默默坚持。是啊，默默坚持，只要能像夏涛先生这样，一直默默坚持，还有什么不可改变和提高的呢？

楼文胜

阿里巴巴十八大创始人，阿里巴巴工号 6 号

听说大家现在管夏涛叫夏老师了，再看到今天这本书，心里不由生出许多感慨来。我跟夏涛的"亲密接触"大约在 2002 年 4 月到 2003 年 10 月，那也是阿里巴巴直销团队比较艰苦的一段岁月。印象深刻的是不管有多艰难，他脸上总是挂着招牌式的微笑，谦虚、内敛、淡定以及他对电子商务宗教般的信仰。

做业务时陪访过他几次，发现他每家客户都服务得很好，给出的

方案也很专业，客户也很信任他。后来我调回杭州与他联系得少了，再后来听说他自己创业了。当时觉得特别可惜，因为我知道虽然他跟当时绝大多数的销售不太一样，但他对电子商务的理解和实操能力，对我们的客户和销售团队是非常有价值的。客观地说，阿里巴巴在南京的市场和口碑是靠夏涛打开的。

2009年开始因为工作关系我们又有了一些接触，我个人觉得今天夏涛在做的事，包括"老师"这个称号，真的是非常的靠谱、非常的适合他，中小企业的电商之路也确实需要他这样的人去给予辅导和帮助。不管时光如何流逝，我想夏涛有些东西是不会变的，那就是他对电子商务宗教般的信仰和春风化雨的个人风格，这些特质支撑他从昨天走到今天，也势必将支撑他走向更美好的明天。

干嘉伟

阿里巴巴老上级，现任美团网副总裁

初识夏涛是2005年，我们共同参加了心灵海国际教育集团在上海举办的一次"火凤凰巅峰成就心理学"培训。当时夏涛刚刚离开阿里巴巴加入环球资源江苏团队不久，就因工作业绩出色而被选派参加培训。虽然之前未有交往，但几句交谈之后，已大有相见恨晚之意，几天的培训下来，尤其对他的激情和梦想印象颇深。

培训结束之后，大家都忙于工作，鲜有联络，再后来夏涛因故离开了环球资源，开始了创业之路。终于在2010年3月，借参加在上海举办的华交会（中国华东进出口商品交易会）之便，顺道去了南京，约夏涛一起吃饭聊天，并专程参观了公司，就B2B（Business to Business，企业对企业）电子商务以及外贸营销做了深入的探讨。四年多的时间过去了，夏涛当初的梦想在一一实现，而他的激情，却丝毫不减当年！

一直在关注夏涛的博客，深感他已经把在阿里巴巴和环球资源的经验很好地应用在对中小外贸企业的服务中，并逐渐形成了自己的外贸整合营销模式。这本书的诞生，也集成了夏涛十年外贸电子商务行业经验的精髓。

高 勇

前环球资源展会华东地域经理

从来没有给别人的书写过序，一般而言，我看书的时候，内容可以不看，但序言是一定要看的。因为通过序言，可以知道这本书背后的故事。写序的人似乎都是很牛的人，感谢夏涛的这本书，让我找到了做"牛人"的感觉。

和夏涛的相识是因为阿里巴巴。2001 年，我和他共同成为阿里巴巴江苏第一批中国供应商的销售经理。他比我先入行几个月，他负责南京，我负责常州，一周开销售周会的时候见一次面。那个时候我们的生活状态都是每天只睡四五个小时，写方案，坐火车，坐中巴，甚至拖拉机到江南的一个个镇上，去拜访一个个从来没有听说过互联网的乡镇企业老板。夏涛的业绩比我好一点，但基本属于难兄难弟，经常被江苏经理老楼阿甘"帮助"。

那个艰苦的岁月，我们能够坚持下来，最大的原因除了马云经常"忽悠"我们，是通过数以万计的客户拜访，我们真正感受到互联网真的能改变做生意的方式，真的能对中国外贸企业有帮助，互联网真的能改变世界。我想，十年前的这一段"激情燃烧的岁月"，在很多阿里销售员的生命中都留下了难以磨灭的烙印。这本书，也许也是烙印之一吧！

离开阿里巴巴后，我们相继又走上了创业之路。阿里人创业的不多，所以我们经常保持着联系。记得有一次，在苏州大学的校园里，我们边走边聊，交流创业体会，感叹创业维艰，不知不觉已近深夜。后来知道他有个博客，虽然我已离开外贸营销行业，但通过他的博客，收获很多。他这十年专注在外贸营销上，孜孜不倦，令人钦佩。

我们都是时间的孩子。通过这本书，我想，我们不仅能分享到夏涛这十年来对中国外贸营销的实战管理经验，更重要的是我们能分享到一名创业者对人生的认真态度，也许后者更加重要。

吴志祥

同程旅游网 CEO

互联网的真正魅力还是在人，今天的企业最想得到怎样的人才？排在第一位的是懂得怎样利用互联网在最短的时间内，让最多的人知道企业品牌的电商人才。有了人才，企业的电商化才能真正实现。夏涛就是这样的一个电商教育工作者。今天很多的外贸电商人员都以"师从夏涛"为傲、为豪，因由夏涛的理念在于分享和服务。这是互联网的精髓所在，也是您借此书可以学习到的。

张 梅

拉美贸易网 CEO

如果把我们的外贸企业比作在大海中航行的小船，那夏涛先生的这本书就是那屹立在岸边为我们指引方向的信号灯。在漆黑的夜里，它告诉我们该如何前进，从而让我们不会因为找不到方向而迷失在浩瀚的大海中，让我们能够载着成功的果实，顺利返航。

石春平

南京爱童游乐设备总经理

第一次和夏涛老师接触就感受到其谦逊、温文尔雅、思想深邃的一面，直到这本书的问世又让我对夏老师多了一份敬佩，原因有三。其一是这不是一本教科书，而是真正适应当前外贸环境新格局，经过大量外贸行业验证的经验汇总；其二是填补了面向外贸管理者书籍的空白；其三是为这种坚持十多年一直服务外贸行业的精神。师者，传道，授业，解惑也。相信这本书一定会给外贸行业的管理者以启发，并帮助其解决最核心的问题。

最后我以个人的经历说一句，认识夏老师本人，可以和他做朋友，多讨教外贸经验；不认识夏老师本人的可以先读他的书，再去听他的课，也会受益良多。

陈景宏

顶易中国总经理

给心存疑虑的读者

1. 这本书适合我吗?

每一次时代的变革，世界财富必然会进行一次重新分配并增值。也就是说，世界财富会从一些观念陈旧的人手上，转移到能适应新时代发展的另一批人手中。今天所有成功的企业和富豪都是过去掌握必然趋势的结果，掌握明日趋势的企业和富豪能够在未来获得成功。

2008 年金融危机以后，外贸环境发生了翻天覆地的变化。生意还是以前的生意，只是商业信息的传播方式和频率跟以往完全不同了。商业信息让一小部分人拥有主动权，让另一些人失去主动权。这对那些掌握海外网络营销杠杆建立系统的企业是福音，而对不能参与学习和实践的企业是致命的打击。

我们经过长达 13 年接触上万家 B2B（Business to Business，企业对企业）出口企业的总结和反思，经过 8 年的外贸海外推广代运营的实践，将复杂的东西简单化，总结出一套切实可行的外贸整合营销体系和管理模式。

如果你所在的企业有以下问题之一，本书将带给你启发，也说明本书是适合你的。

想通过各种渠道借力，但不知从何下手……

同行竞相压价，如果要保证一流的质量，就会导致亏本，被迫做违心的事……

面对国外买家，没有底气讨价还价，只要有订单就好……

公司离不开自己，自己被公司绑架，理想中的生活状态遥不可及……

对行业的发展前景不确定，越做越累，甚至心灰意懒，想转行……

80%以上的营业额是少数几个业务骨干完成的，经常担心他们自己创业……

大部分业务是自己完成的，没有人才可以接手，生活状况、身体状况一团糟……

虽然知道展会和广告是营销的撒手锏，但对如何清晰衡量广告效果没底……

相信自己的产品是一流的，却没有办法让客户迅速认同……

梦想自己可以成为行业内的明星，有强大的号召力及影响力……

希望有更多的高端人脉能够帮助自己……

研发、生产能力都没问题，但营销部门的订单远远不能满足……

外贸为啥付出很多得到很少？核心阻力是在哪里？

我们来一起寻找答案吧！

2. 我必须要懂网络营销技术才能看得懂这本书吗?

为了力求让每个人都能从这本书中有所收获,学习一种全新的外贸营销思维模式和策略,我们尽可能将书中的专业内容简单化,增加案例以便于理解,选择适合自己的外贸营销方法,并找到执行的方向。因此,只需要你平日里会打字和浏览网页及收发邮件就能看懂此书。我以后会推荐内容更深、技术性更强的书籍给大家,以便进一步学习操作执行层面的技巧,当然这样的内容不适合管理者。

3. 投入金钱和时间看这本书能带给我怎样的价值? 这本书对于我意味着什么?

(1) 掌握正确的外贸营销方法,了解全新的外贸整合营销思维模式,少走弯路,打好外贸营销的基础,在正确的基础上推广和发展自己的公司,将"成功"建立在"成功"的基础上你会更轻松。

(2) 将海外推广执行团队的管理实战经验毫无保留地分享给读者,将案例和如何达成结果的执行思路告诉你。我是如何服务中小型出口企业的,也将如何服务你。

4. 看这本书之前我需要准备什么?

阅读即安装,警告! 请先将头脑中的外贸销售开发客户的旧版本删除,用过去的方法解决现在和未来的问题已经起不到任何作用,不管是群发垃圾邮件或单纯依赖 B2B 广告带来新客户,还是仅靠老客户的订单来发展企业。

5. 这本书是不是又像那些有用的"废话书"不具备可操作性？

这本书不是一本理论教科书，它是我们服务 1000 家外贸企业推广开发新客户实践案例的一个总结，"做我们所说"就是本书的原则，所以你坚持认真地去执行，将比所有未尝试新外贸整合营销模式的企业，领先三年去影响和改变自己企业的命运。

6. 什么人不适合这本书？

关注内贸和外贸零售的朋友，本书不侧重于教授内、外贸网络零售的知识，所以想通过网络直接将产品零售给终端消费者的朋友，只能从书中找到外贸营销的理论知识，不能找到零售推广案例，更何况网络零售涵盖了物流配送、资金支付等若干问题，此书没有进一步介绍此类型的推广内容。

同时，期望看完这本书就能在短短几天内学会搜索引擎优化和网站建设执行操作的朋友会很失望。这本书没有侧重于此，请关注我以后出版的系列丛书和光盘，同时不建议那些认为只要学习我的书，无须采取任何行动就能改变结果的"梦想家"来买我的学习资料。

7. 我为什么要写这本书给你？

在 2006 年 6 月 15 日开始写博客（http：//www.xiatao.com）起，

我开始通过网络给更多外贸人分享外贸营销的收获。我发现 7 年下来，截至 2013 年有超过 1300 万人看过我的博客，一年中全国有超过 2000 家出口企业向我垂询各种外贸营销的问题。可是，我发现相对于上网学习外贸新规则的人群，这远远不够。很多人总不上网，他们还是习惯以传统的看书方式去学习。所以，为了让更多的人了解外贸营销环境发生的变化，我下定决心要将过去十多年的心得写出来分享给更多活在线下的朋友。我发现他们因为对于环境变迁的根源也就是贸易信息传播方式发生的变化不甚了解，从而导致巨大的投资损失。能帮助更多外贸人的这种分享形式让我获得了更多成就感，实现了个人价值。说实话第一次写书，耗费了我大量的心血，毕竟写书比坚持写博客还要难，但是只要有你的肯定，我就觉得这是值得的。

序 言
写给你的一封信

亲爱的朋友，我是夏涛，自 2001 年以来，我一直专注于跨境电商的推广管理工作。从阿里巴巴到环球资源，再到 2006 年起自己创业，走在外贸营销的路上，角色从职员到管理者再到创业者一直在变，唯一不变的是专注于服务外贸企业出口营销领域。

身边很多人都因为局势变化而转行了，我本着专一、专注、专业的原则坚持走了下来。我相信这对于每一位坚持并且因势而变的人都是一个机会。

我见过很多外贸营销的朋友，发现他们还没有意识到环境发生翻天覆地变化之时自己应该做出的改变，正处在被这个环境边缘化的境地。我也见证了在外贸行业中很多人从贫穷到富有的变迁，而起关键作用的就是信息传播。为此，如何能第一时间获得高质量的买家信息？如何快速推送企业信息直达买家？如何将产品卖给全世界？

很多人之所以抱怨外贸工作举步维艰，是因为竞争环境变了。中国 2008 年以前的外贸太好做了，发展太快，只要有业务技能，不需要太多营销管理和分工，就可以做出漂亮的业绩。当下，买家在成长并变得更精明，要求更高，如果还用老的销售方式去开发国外买家，这

1

怎么可能还继续奏效？

在大环境不好的情况下，很多人在收缩对广告、营销、销售人员的投入，这对于中小企业的影响是致命的。相反，我们建议要花更多的钱投资在新营销渠道的实践及市场营销的测试上。这本书就是站在渠道的角度为大家剖析创新的方向，给予更多新的对策。

国际贸易中信息的营销手段从传统到网络都是日新月异，但其实本质未变，也很容易掌握这个规律。在本书中，我会尽可能地简化讲述方式，让你更容易理解这些非常复杂的新整合营销策略。

所以，帮助中小传统企业实现真正的转型，推动实现商务电子化，这就是我出这本书，揭秘外贸整合营销管理的目的。这是一本写给外贸营销管理者的书，在新的外贸环境下都需要用创新思路来指导你的工作。然而，我发现在书架上几乎看不到分析外贸营销管理和海外网络广告策略的书籍，大部分都是在讲解基本的销售技能以及纯技术性的电子商务推广技巧，而这些对于外贸管理者帮助不大，难以提升业绩。在此，我想这本书能为你指明一个清晰的方向。

这是我的第一本书，因为追求完美，所以经历了四年的时间才得以修成正果。这是我这么多年外贸整合营销思想的提炼，从简入繁易、化繁为简难。在本书中，我写的一定是我已经做过的或现在正在做的事情。通过这些创新的营销方式，我们的团队在过去8年当中帮助超过1000家的出口企业建立了自己的海外网络营销推广系统，平均每年带来至少180个国外买家具有针对性的高质量询盘，线下至少带来价值超过10亿美元的成交。希望你能学以致用、学以致富，通过这些方式来开拓自己的营销思路，并且实践自己的成果。

这本书将带你体验一段完全不一样的旅程，一步步走近我经历13年的外贸营销服务世界。在你了解外贸营销管理和对策的同时，你会发现写作耗尽了我的心血。此书本身还有很多不完美的地方，但都是我这些年来真实的经验总结，而这份坚持是源于我坚信本杰明·迪斯雷利的名言："给他人最大的帮助不是与其分享你的财富，而是告诉他，如何获得属于自己的财富。"

最后，致以最美好的祝福，期望你能早日实现轻松赚钱、时间自由的外贸梦想！

夏　涛

2014 年 9 月 30 日

目　录

第一章
付出多，回报少
——找出外贸盈利难的根源

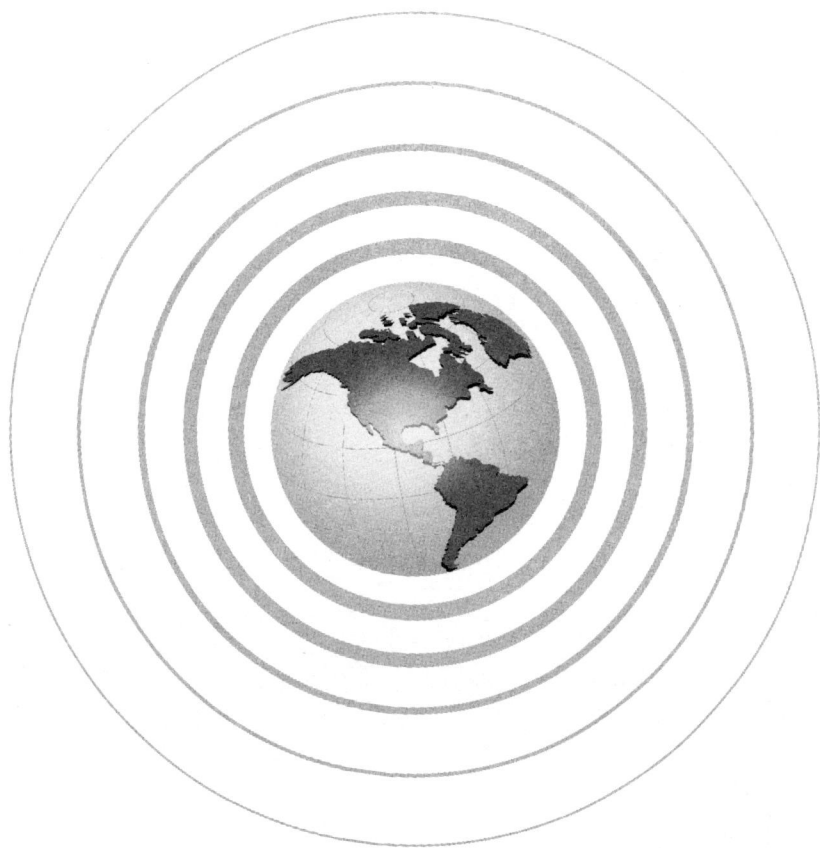

2008 年金融危机后，很多企业在抱怨赚钱难、利润下降。大环境怎么样，我们是无法改变的，但我们可以努力把自己做到最好。正如亨利·诺文所言："我们不能让天下雨，但是我们能够做到，下雨的时候，土地已经翻整完毕。"

在外贸比较好做的时候，很多外贸人"守株待兔"式的等待新客户的到来，靠老客户的返单维持营业额，一副要将明天的事留给明天的样子。如今，在外贸大环境不佳的情况下，如果你还是一成不变，仍然用传统的方式来做企业，那只会越做越难，甚至是死路一条。那么，在新的大背景下，中国的中小外贸企业应如何应对呢？又该如何寻找到利润源呢？

第一节　跨境信息不对称产生网络商机

非常幸运的是，这么多年我通过服务和分享交流接触过的出口企业已经超过 1 万家。我想把在阿里巴巴、环球资源以及自己创业历程当中的一些真实的体会和所见所闻跟大家做一些分享，看看是否能将外贸这些年变迁的一张图谱展示出来。回忆过去对比当下，让你清楚地知道外贸环境发生了怎样的信息变革，其中到底有怎样的规律，以有助于你更好地把握趋势，做好当下的选择和未来的决策。

2001 年 6 月，我在阿里巴巴公司工作。那时它还只是一家没有名气的创业型公司，在职的人员也就 200 人左右，正处于因为过度烧钱而缩小开支寻求赢利点的阶段，以提供中国供应商国际站广告为主要的收入来源。阿里巴巴 18 位创始人之一的老楼在一线带着我开始一家家地去拜访客户。因为大多数外贸企业还是习惯用邮件与外商联系，对网络广告的使用还没形成习惯，为此刚开始推广是非常艰苦的，需要一家家靠传统方式的推动让大家了解、认同再到购买网络广告。

不过，在今天看来其实阿里巴巴就是信息资讯平台，提供买卖双方的信息，并推动相互的及时沟通，而提供给中国供应商的服务的本质就是为其做广告，广告的位置靠前，企业就会获得更多关注。其实这跟我们熟悉的展会一样，如果你参展时所付的摆摊位的费用比其他人高，那么你们公司的摊位就会靠前或者变大，因此关注的人也就多。

1. 国内网络还没有非常普及地用在生意上

记得中国电子进出口江苏公司的吴先生讲，在 2000 年之前，还有很多老外在展会上为了跟中国人做生意而要努力学习中文。中国刚刚加入 WTO，买家难以相信中国有如此便宜的产品。这时候很多老外跟中国人做生意的方式、确定合同的方式还用传真的方式。虽然网络在国外已经非常普及，而国内还在用非常传统的方式联系客户。这源于国内网络基础建设的不完善和国内企业缺乏运用网络进行商业交易的意识，买卖信息不对称的环境给在做出口的企业带来大量商机。

回首 2001 年，你会发现当时绝大多数人对于电子商务、网络营销的价值都不是很了解，也不想去做太多的了解。当时眼前的钱都赚不完，外贸也是最肥的市场，我们作为服务这个行业的人，自己对于这部分的价值也不理解，所以大部分人传播商业信息的方式、做生意的方式还是完全依赖于这种传统的展会方式，或者通过熟人介绍，而想要加入广交会这类型的活动还是受到一定限制的。

工厂也没有自己主动去找国外的订单，一是因为有单子做，很多时候还做不过来，根本不太在意不熟悉的新客户渠道；二是条件不具备，没有外贸人员也找不到外贸人员，哪怕新手也很难留住；三是在这方面也不知道通过什么方式去找国外的客人。所以说往往日子好过的时候，人是不容易真正下定决心去改变的。

2. 企业开始意识到 B2B 平台的作用

2001—2005 年，伴随着国内电子商务这些硬件条件的具备，网络用户越来越多。其实国外在运用网络方面，要比国内领先很多年，但是国内产品销往国外的信息通过网络传播到国外，特别是就国际贸易这方面来讲，发展最快的也就是金融危机前后这几年。伴随着这些商业信息平台上市后在国际上影响力的提升，很多企业开始意识到 B2B 平台的作用。

你有没有想过为什么在国外没有这种付费 B2B 平台模式存在？因为在成熟且法制的国家里，信息足够透明，大家懂得如何查找想要的信息，在合适的地方可以免费得到完整的信息，包括合法的海关数据，同时有法律保护信息使用的隐私权，也只有在中国这种成长的初级阶段，连企业主的联系信息都可以变卖换钱，更不要说整个中国产品企业信息平台的信息价值了。

从看不懂，到学不会，再到跟不上，让那些不能与时俱进的出口企业吃到了苦头。2005年前还记得当时有许多出口企业老总告诉我，订单做不完，根本不需要开发新客户，网络广告可有可无。他们不相信网络广告会影响环境，改变他们的生意，可几年之后就不是这样评价的了。

我相信阿里巴巴这类的B2B公司起到了推波助澜的作用，在最初的岁月也帮助第一批敢吃螃蟹的企业赚到了钱，获得了最大的利益，而后来参与广告投入的企业，只能得到边际效应。有很多人反映在网上做B2B广告有点像鸡肋，不做也不知道还有没有其他渠道，做了效果也没有充分发挥出来，问题也不知道出在哪里？

从事中国电子进出口贸易的吴先生实际上是一个老外销，浙江一带的很多工厂都要通过他做生意。他当时生意比较好做，一方面他自己在参展，另一方面在2000年之前，他就开始对像环球资源这些传统的杂志投放广告，所以他的新客户开发也不是什么问题。他说，做的产品其实没有太多的技术含量，就是做接线板、接插件等，这些大部分是浙江的工厂生产的。因为这些工厂不具备条件去跟老外沟通，这些工厂的信息不能被老外找到，所以吴先生当时就很清楚贸易公司做营销是最重要的，也是通过传统杂志广告受益的。

除了做环球资源的广告之外，吴先生还意识到网络是广告的另一种趋势。他当时抱着试试看的心态，花不到3万块钱去阿里巴巴做了广告。

吴先生敢为人先，开始新的尝试。可是，绝大多数传统的企业还没有转变观念，还觉得网络这种东西是虚的，网络上的这些广告没有必要去做。比如，南京的中大型贸易公司，像弘业集团、舜天集团、海企集团、开元轻工、汇鸿集团这些企业，它们都对电子商务采取拒绝和轻视的态度。我曾跟他们沟通多次，甚至开会交流，它们都觉得这个东西不会有什么价值。几年后，当小企业用低成本、低价格的方式冲击原有垄断的市场时，这种格局就发生了翻天覆地的变化，这场信息化的革命让老牌企业不得不重新开始审视环境的变迁。

3. 没有资源的小企业开始重视网络

为了寻找新的贸易机会，一些手上没有资源的小型贸易公司负责人和外销员不得不尝试新的宣传方法，例如，在网上发布自己的产品信息和公司的联系方式。

在2001—2005年，我发现真正开始尝试电子商务、网络信息曝光的企业手上都没有客户也没有资源的小企业，他们最能适应这种新环境的变化。他们通过在国内和国外的 B2B 网站上面大量发布产品信息和图片，甚至在图片都不是很清晰的情况下，也能得到海外客户的垂询，并因此而赚到钱。这是因为国内出口企业的产品信息太匮乏了，而这些小企业将自己的信息发布在网络上使得更多的外国企业了解到其产品的信息。此时国内大多数的企业并没有去做这件事，而外国企业获取中国工厂信息的渠道又非常的有限。

我听吴先生说，当时很多欧洲的客人居然还认为中国人是扎着辫子的，好像处于封建社会一样。其实，他们并不了解中国的发展速度已经非常快了。这种信息不对称的情况有可能会创造出新的商机。作为老外销的吴先生也有效地利用好这种信息的不对称，从参展到杂志广告，到测试网络广告的效果，用最低成本的方式传播产品信息。

吴先生把工厂的宣传册拿来，直接就贴一个自己公司的联系方式，覆盖掉宣传册最后一页工厂的联系方式。这样既节约了宣传成本，又可以帮助那些工厂和外国企业取得联系。因为那些工厂受限于外贸人员的英文沟通能力无法和外国企业直接沟通。

做网络广告时需要图片资料，吴先生居然只是拿起工厂的宣传册，在上面勾选了一些照片给我，让我帮忙扫描上传到阿里巴巴。那个时候这种扫描出来的图片放在网上质量有多差你也可以想象，本身工厂印刷册的质量就不好，再加上扫描之后失真，可就是这样的照片和简单的产品描述，居然也可以给他带来上百万美元的单子，为什么？

其实，就是因为他做得早，就是因为同类的企业没有在网上做宣传，所以老外在网上搜来搜去就只能找到他。我记得在 2003 年的时候，他与尼日利亚的客人都有一两百万美元的交易额，他做的民用电线电缆等产品货值很低，他第一年的交易额是 30 万美元，但是在那个时候我相信绝大部分的企业还没有意识到要把自己的产品信息、公司信息通过网络传播出去。其实只要传播到了，又没有同行去竞争，外国企业在网上搜来搜去就那几家，而回复及时并专业的又是少之又少，那么只要你公司的信息被传播到了国外就能轻松赚到钱。由此，你会明白获取信息的主动权在对外贸易中显得多么重要。要想得到别人得不到的国际贸易机会，你就要努力获取信息的主动权。

4. 利用信息不对称获取订单

绝大多数人都在埋头做自己的生意，没有意识到大环境中的有关信息传播的方式正在发生着改变。随着网络的普及，电脑、手机的应用，信息的传播方式也发生了改变并对长期从事商业活动的人产生了深刻的影响。即使有些人或企业不愿意放弃旧有的贸易模式，却也不得不做出改变以适应新的市场环境。有句话说得很好，要么电子商务，要么无商可务，即将商务行为变成信息为先导，否则就会因为信息传递的不畅通，导致新客户找不到你，老客户面临竞争价格越给越低，而成本越来越高，没有新生意可以做，导致企业难以生存。

在我们今天看来，当初因为信息的不对称、硬件环境的不具备，使得很多中间商、贸易商，包括香港的公司能够获得利润的一大部分。所以在2001—2005年很多从事外贸行业的人在产品没有太大问题的前提下，都可以顺利签下国外的订单，而这种好日子已经一去不复返了。你必须面对现实，只有重视现在并做出正确的方向性调整才有出路。

第二节　跟风做网络付费广告加剧竞争

1. B2B 平台在国外的宣传力度加大

从 2005 年开始，中国的市场加速向国外开放，巨大的利益驱动着买家，中国的 B2B 平台在国外的宣传力度也在逐步加大。外国人实际上早就形成了网络使用习惯，只是中国人才开始运用网络传播信息。通过这些信息，买家能用最少的时间精力和金钱成本找到供应商。这也极大地刺激了在 B2B 平台上交易的活跃度，正如淘宝网一样，站在保障买家利益的立场之上，才能让买家乐于消费，从而使淘宝网的卖家拥有最大的获利局面。

国外买家越来越多的找到中国的产品信息，跟工厂直接进行 E－mail（电子邮件）联系，然后通过电话联系，通过线下完成交易。一些企业赚钱了，发展迅猛，这极大地刺激了国内的其他企业，很多工厂有了竞争的意识和生存的危机感，并开始自己找出路。

2. 网络宣传成为必然的选择

如果说2005年前是很多处于成长初期的贸易公司在投放付费网络广告，那么2005年之后，为了生存和发展，更多的工厂开始通过网络做宣传了。它们在依赖贸易公司的同时开始尝试自己去参展。那些工厂在土地和厂房上的投资至少有上千万元，成本压力巨大，所以做宣传成为必然的选择。工厂可能因为没有成熟的外销员而不去参加几万元的展会，但是对于同等费用的网络广告肯定是要投的。

2005年之前，像开元轻工、舜天这种老牌大型国资企业，我每年都去上门拜访，推动他们投放网络广告，可是由于各种原因它们都不愿意做第一个吃螃蟹的。总而言之，虽然有些企业比较有实力，但如果它们缺乏前瞻意识，那么也会对投资网络有所迟疑。因为这些企业大都成长于传统的贸易环境中，而在网络还没有带来明显收益的情况下，企业的负责人是很难及时做出调整以适应环境的变迁的。

直到2005年，这个形势发生了逆转。就以南京为例，当新天时旅游用品公司通过网络与一些欧美的帽子买家达成交易后，几乎所有在南京做帽子、围巾、手套的公司都跟着采取了行动。在同行网络推广成交的刺激下，本地至少有15家大大小小的服饰贸易公司也做了同样的中国供应商广告，较之南京，浙江则有更多的工厂开始投资于网络广告了。

一个有经验的老外贸曾经分享过广告的投放经验，他会在下决定前做一些判断和评估。如果做了决定的话，他就会先尝试两年。如果两年还不出效果，他就再也不会投放资金在这个平台上了，因为他只看投资回报的结果。

在市场利益的驱动下，跟风做广告的速度比我们想象中来得快，同时包括阿里巴巴在内的 B2B 上市也加速了商业信息透明化。

第三节 信息过度透明让出口企业血拼价格

2000 年之前，外贸是个卖方市场。低廉的价格吸引了大量的国际买家，很多中国人从中快速赚到了钱，同时也吸引了更多的人从事外贸工作。由于沟通的问题，之前很多工厂都完全依赖于贸易公司。随着中国与国外市场交流的日益增多，许多中国企业开始通过参展来获得国外订单，而且中国企业在国际市场上大受欢迎。

1. 卖方市场的格局被打破

2001 年之后，这个卖方市场的格局发生了改变。为了获取更大的利益，越来越多的工厂开始尝试绕过中间环节直接做外贸。正是在这种贸易环境下，具有中国特色的 B2B 平台诞生了。2005—2010 年，伴随着像阿里巴巴公司、焦点科技等国内 B2B 公司的上市，越来越多的出口企业面临着竞争和机遇共存的市场局面。由于传统管理制度的约束和利益的驱动，许多在大型外贸企业的人员都开始自立门户。

这些人在确定了所要销售的产品之后，第一件要考虑的事情就是如何推广产品，如何用最低的成本让更多的外国人与自己做生意。他们中很多人原来的老东家买了 B2B 后有主动询盘，或者成交。所以，他们首先会考虑 B2B，因为公司规模小才起步，所以很多时候不奢求赚取太多的利润，有订单和现金流将公司周转起来才是首要考虑因素。为此 B2B 平台上的买家享受到了前所未有的便利，获取了非常多供应商的报价，并且快速知道了行情，这都是卖家之间价格战产生的结果。可是，在少部分成功卖家的背后，到底有多少死掉和正在生存边缘煎熬的卖家我们不得而知，市场总是让少部分人获得最大利益，这是必然的。

2. B2B 的发展让产品信息透明化

由于 B2B 的发展，企业的产品信息和同行的信息都曝光在一个大卖场上面，信息因此也就透明化，竞争自然更激烈。另外，许多人都从原来的工厂或者贸易公司辞职自创企业，这使得商业信息扩散到更多的地方。就拿南京的企业来说，很多在中小型的外贸公司里工作的年龄段在 30~40 岁的人都掌握有一定的客户资源。由于受限于国营外贸企业的管理机制，他们开始自己出来发展。这种发展加剧了外贸行业的竞争，尤其是同质产品的价格竞争。

在过去的大环境下，可能一个大订单就能够保证一个企业全年的赢利，可现在由于订单的碎片化、付款方式的苛刻化、买家签单更加慎重等原因，企业的利润空间也逐渐减小了。

自 2001—2005 年，我曾多次拜访纺织工业集团的下属工农兵纺织，发现该集团的外贸部成员做外贸都做得比较轻松。因为他们有丰富的外贸经验，而且还懂得借助传统的参展和网络广告投放进行推广，所以就能顺利地获得订单。

早期很多从事外贸行业的人都不愿意在 B2B 平台上投放广告。该集团是南京最早一批做网络广告的，它通过这种方式获得了贸易中的优先权和主动权，不用四处找客源就能够签下订单。该集团主动抓住时机将产品推广出去，从而获得了丰厚的利润，单是企业所生产的安保用的反光服的利润就超过 40%。然而，其他外贸企业并没有主动做出改变，因此就错过了外贸交易的最好时机。

自 2001—2005 年，我见证了不少中小出口企业在没有新客户资源的情况下，被迫采取购买 B2B 广告的方式开发客户。因为参展投资太大，并且对短期参展是否能拿到订单心里没底。不过，对于网络 B2B 广告这种形式，这些企业也是抱着半信半疑的态度去尝试的。它们仅凭跟进询盘的客户就可以收回投放广告的成本。据我所知，2002 年前，在南京我手上只有 30 家出口企业愿意做这样的网络广告投资。

不过，这种情况到了 2005 年就发生了根本性的变化。这主要源于一部分企业赚钱后产生了巨大的口碑影响力，加上阿里巴巴的崛起，合作客户数靠传统销售方式加上网络宣传，出口企业数量呈现暴增的趋势，直销业绩导向的模式极大地刺激了行业、传统出口企业。低投入低门槛的外贸开发客户模式加上暴利的诱惑，让很多正在寻找新的赚钱出路的人，将购买直接有效的广告形式作为了必选项。

3. B2B 平台加速了同行业的竞争

可以说 B2B 平台帮助企业赚了钱，也加速了同行业的竞争。2008

年的大降价又推动更多出口企业在同一个平台上进行价格的厮杀，让卖方市场快速转变为买方市场。供应商和产品价格信息充分的曝光在外国企业面前，让平台成为价格的屠宰场，最终外国企业得利。信息透明导致在传统地区传统产品行业的利润快速下滑。

2010年之后，大环境也越来越支持电子商务的应用。一些以传统贸易起家的中小型企业的负责人对网络的价值和应用却还不太了解。许多人的认识还停留在"外贸线上营销手段就是B2B平台""B2B平台就是阿里巴巴""B2B网站上广告效果不好就等同于电子商务无用"上。这些错误的认知让很多企业错失良机。

不过，当行业内每家企业都在B2B网站上做广告的时候，企业询盘的质量、询盘的转化率就变得非常低，再去参展，好像也是都在同质化的通路上面做竞争。别的企业买了B2B后赚到了钱，但为什么我们自己买了B2B却赚不到钱呢？所以你一方面看到别人通过网络赚到了钱，而自己却错过了最佳的投资期，但是另一方面你又不知道该怎样去应对自己的现状。在同样的市场环境下，你并不很了解如何运营才能使网络广告产生出效益。

4. 传统企业生存的环境发生了翻天覆地的变化

传统企业所生存的环境在这十几年之中发生了翻天覆地的变化。从根本上说，是信息传递的方式和频率直接导致这一改变的。就像今天已经可以用手机上网，这种信息传递的方式使得你可以用手机阅读邮件，可以和客人在线沟通，这在以前是想象不到的。

如果说，你对于这些剧变还有很强的不适应性，除非你想退出外贸舞台，否则必须去面对今天外贸行业的这种竞争危机。你无法改变环境，能做的只有适应新的营销模式，了解如何利用好电子商务这个杠杆，在网络渠道上传播自己企业的产品和公司信息，让企业更好地发展下去。

第四节　外贸企业应用互联网面临新考验

对于一个企业来说，最重要的不是当下的利润多寡，而是对未来的趋势能否准确地把握和掌控。如果战略方向上出了问题那么要比在战术执行上出问题严重得多。

几乎每一个老外贸都有这样的体会，那就是在十年前生意非常好做。在过去的"黄金十年"里只要你有一个有形的产品，就不愁缺少买家，似乎那时候躺着都可以赚钱。虽然当时国外网络应用已经很发达了，商业信息交换也借此条件进行得很频繁，但在国内网络还没有普及的情况下，杂志和展会成为外国企业了解中国供应商的主要信息渠道。因为信息传递工具的限制，信息不对称、价格不透明，使得在2008 年之前中国大部分的外贸企业的生意都比较好做，加上没遇到金融危机，买家的互相低价竞争也并不至于那么激烈。

然而，在金融危机过后，外贸已不再像过去那样炙手可热，那种不用四处寻找就有生意找上门的日子已不复存在。

1. 产品卖不出，传统营销找不到"势"

以前的外贸业务光靠邮件营销都能出单，而现在这样的"运气"似乎已经不复存在。客户人数的多寡与业绩的高低已不成正比，一部分小客户有可能会占用公司资源制造麻烦，直接影响和降低企业利润率。

纯粹的价格大战绝不能成为做外贸业务的第一诉求。未来拼的一定是产品及服务的差异性、精细化的营销管理，而不是在还不具备一定的规模时就提前搞什么形式主义的企业文化。产品必须结合企业的实际情况，将服务的总价值反馈给客户，而不是自我冠以价格低和服务好的空泛口号。

不管在哪个外贸产品行业，传统营销都找不到"势"了。如果你的企业还是老一套的商业模式，产品、招人、参展、跟单，那么就很难像过去那样获得大量的订单。付出很多得到的太少，无论企业怎样参加培训激励，改进管理方式，也难以激发业务团队的斗志，这就是最大的问题，也是传统外贸行业衰落的征兆。

确实有些传统的外贸企业走到了穷途末路，但更多的是借势转型，看到新机遇，发展新的赢利模式，以求创造更高的销售业绩。

广州有一家小公司，虽然它仅有十几名员工，却远程经营着整个珠三角一带的化工贸易。在大环境不佳、出口业务缩减的情况下，该公司的业务量仍能够保持增长。究竟是何原因让这家小公司能够这么好地操控远地业务呢？原因就在于该公司站对了风口找到势，即运用互联网在线管理模式给企业带来转变的机遇，让小公司突破销售瓶颈，获得持续的利润空间。

任何事物不怕小，就怕没有势、选错方向。小米的创始人雷军曾说："站对了风口，母猪都能飞上天。"风口就是势，没有这个势，企业就是一潭死水。对比之前互联网给外贸行业带来的巨大收益，审视自身企业和这些行业成果之间的差距，如何重新找回外贸行业之前如火如荼的发展之势是所有传统企业老板面临的最大问题。

2. 不转型等死，转型怕转死

转型，这个词已经被说烂，但这两个字的确关乎企业生死。

中国传统外贸企业老板的平均年龄在 40 岁以上，高管年龄在 30 岁以上。这些人在传统外贸业务管理领域经验丰富，但是对互联网却并不精通，对人员分工和绩效考核的团队管控还有所欠缺。企业改革的最大障碍就在这两种人身上，底层员工都是年轻人，对新事物的学习和接纳应该没有问题。可是，让老板换掉一批高管，然后引进一批年轻人，这种风险也是很大的。这就是企业转型存在的矛盾和痛苦。

对于依托互联网而得到订单的企业，它们没有历史包袱，可以轻装上阵，而传统企业不能，它们拥有海外数百家经销商和客户，怎么办？这是最痛苦的地方，老板无法不操心，只能逼着高管要么提升，要么回家。尤其是大企业，年销售额过 5000 万美元的出口企业靠的就是传统的渠道和团队。对于它们来说，转型是非常困难的。

人往往不愿意割舍过去的成功与光荣，恋旧是人之常情，但商业不能恋旧。李嘉诚警告他的儿子绝对不能喜欢上任何一个行业或业务，往往动感情的时候，就是失败的开始，所以新时代来临，只有适者才能生存。

例如，诺基亚的企业文化、管理规范、专利创新都是全球顶尖的，但为什么会逐渐衰落？答案很简单，暴利的时代因为信息透明化而逐步消失，对于之前轻松赚钱的老外贸而言，他们还没有做好精细化营销管理的准备。

2008 年金融危机后的几年，中国众多传统出口企业觉醒了，开始着急了，也开始彷徨了，因为它们没有例子可参照，只有过去的经验和习惯桎梏着这些企业的发展。一个企业的成功与否，99%取决于老板。时代会无情地淘汰那些所谓的传统企业家明星，随着新颖甚至是新奇的商业模式的不断出现，大量的草根创业英雄将会异军突起。

对于年销售规模超过 5000 万美元的传统出口企业，转型最难，但因为有充足的资金，一旦痛下决心转型，成功的概率反而很高；相反，对于年销售规模 1000 万美元以下的中小型出口企业，如果能找对商业模式，开发好产品，敢投入广告，那么就有可能迅速发展起来。

在全球商业信息透明化的时代，所有行业都必须转型，这一切都不以人的意志为转移。

3. 推广未计划就执行，网络广告跟风购买

在信息化的时代，应如何将外贸企业推广出去，使之被买家找到并关注，从而获得更多的订单和发展机会呢？

网络营销是未来外贸企业发展的趋势。然而，很多传统企业家对互联网的了解并不多甚至他们的手机里都没有微信。在他们的意识里，网络的价值还停留在商业信息传播上，很难评估网络是否直接为企业带来了许多订单。适应环境的企业可能会很重视网络，但之前成功的有规模的企业可能对网络营销都不太重视。

我曾接触过很多的外贸企业家，他们普遍对网络营销没有信心，所以并没有投入很多的资金开展网络营销，或者只是投了钱却没有投入精力。这就导致他们在网络营销方面本应做好的一把手带头工程，却出现了基础不扎实的现象。风险是他们的第一考量，由于没有摸清互联网时代的外贸营销规律，所以他们不敢投入大量的资金和精力在

网络营销上面。想要对互联网做到心里有底，唯一的办法就是自己先投入少部分资金尝试一下看看。即使不能够马上获得收益，就算是花点钱交学费了，另外，还要找到靠谱的咨询公司当日常执行中的顾问，这样可以避免浪费太多的时间。

很多出口企业一开始对外贸网络推广并没有明确的认识，在还没做具体的网络营销计划的前提下，就盲目进行推广。如果经过三个月的推广，网络营销还没有什么效果，有些则会立刻宣布失败，对网络营销也就失去了信心和兴趣，还有一些企业则会在不同的广告商之间转化。企业投入的金钱和时间一直不见回报，也有可能是由于对网络回报的认知出现了偏差或者是选择了不合适的网络营销平台。

面对种类繁多的网络推广、服务商的大力推销以及同行中有实力的企业对网络推广的投入，很多外贸企业在推广公司的选择上存在很大的困惑。我们往往可以发现一种现象，那就是一旦某个行业中的几个企业使用了某种广告形式，那同行的其他企业也纷纷跟着购买，跟风做网络广告的人不比跟风去参加展会的少。

由于网络营销服务商抓住了外贸企业的跟风购买和攀比的心理，使得外贸企业跟随他人的选择盲目购买，从而削弱了自己的判断力。比如，某服装外贸企业使用了某个平台后，效果不错。结果，其他同行企业也效仿，可是效果却差强人意。由此可见，适合自己产品的才是好的，跟风购买的网络营销产品往往会因为同行竞争使用过多而使得网络营销效果越来越不好。

4. 网络营销断层，线上线下割裂

其实，网络营销就是外贸企业整体营销战略的一部分，是实现企业销售与赢利的重要手段，需要线上线下营销联动才能取得效果。不少外贸企业认为互联网只是一个媒体，外贸企业通过互联网把企业和产品宣传出去，只是做个样子。就算实现了网络营销，外贸网络营销通常由企业内务助理来管理，营销部门和网络营销职能部门仍处于一种割裂的关系状态，这是一种不完整的网络营销意识，老板不重视参与学习新规则，没有线下参与的网络营销不是真正的网络营销，也难以实现"营销"和"销售"这一最终的目的。

殊不知网络营销是一项系统工程，更像是市场工作而非销售，为企业长期造势带来询盘机会而服务。它需要企业结合自身的实际情况，进行需求分析、制订周密的计划、配备专门的人员，才能取得成功。从开展网站建设、企业信息发布到制订推广预算、选择网络营销策略和产品、安排网络营销专职跟进人员等，各项工作安排到位，持之以恒，才能使企业的网络营销取得理想的效果。投机赌博式的投入金钱即使能赢得一些回报，但也不会长久。

其实网络营销的作用远不止这些，对此江浙一带的外贸型生产企业或许体会更深。它们或以自身网站为平台，在不同阶段充分利用行业 B2B 平台、综合性 B2B 平台，进行外贸整合营销及销售线索的收集、潜在客户的挖掘、流程的打造，然后线上线下联动，最终达成交易，为企业创造利润。

5. 一叶障目，错把 B2B 广告当作全部

很多传统企业的高管都把 B2B 广告当作网络营销的全部。比如广交会好的时候生意全靠广交会，广交会不好的时候就跟风转投 B2B 广告，B2B 广告不管用时就迷茫了。其实，B2B 广告只是一个广告渠道，

而外贸营销管理思维是一种新商业模式。

很多传统外贸企业正在这么做，并在投资广告上有错误的认识，认为投得多效果就一定会大，有时无效的投入会给企业造成很大的损失。

很多外贸人员为了找订单，整天在全球各地 B2B 电子商务网站转悠，发布供应信息，搜索买家信息，寻找新的 B2B 平台。实际上，真正有诚意询单的只来自少数网站，更多的是那些中间商打探价格而已，垂询越来越多，为了做报价人也越来越忙。

B2B 平台虽然在中国非常火爆，在国外并不是所有买家都习惯去供求平台寻找供应商。他们更多的也只是为参展和线下跟进搜寻信息，一些美国、欧洲的客户更倾向通过搜索引擎这样的渠道去寻找卖家。因此，国内供应商如果一味地将自己绑在某些 B2B 电子商务平台上，有可能会错失很多差异化广告的市场机会。

6. 本末倒置，重视付费 B2B 平台，忽视自身网站建设

依赖 B2B 电子商务平台推广的企业往往还有一个缺点，那就是把运营重点放在平台上，而不是自身整体网络营销的信息推广上。由于投入了金钱就安排人员学习操作。他们经常在 B2B 电子商务平台上变换信息发布主题和内容，但很少更新自己的网站内容或添加内容页面。

实际上，企业网站才是独立的营销实体，而在平台上发布的信息只有依托该平台才能起作用。一旦停止在该平台上继续投放广告，之前所付出的所有的人力和财力就都白费了，就如不参展就没有新客户知道和了解你一样。很多企业做了付费 B2B 没效果，但不做就连一个新客户垂询都没有，外贸人才又留不住。忽视网站自身建设而把主要

精力放在 B2B 平台上面是策略性失误，也是舍本逐末的做法。如果企业抓住"不是宣传网络上的 B2B 橱窗，而是自己的企业网站"的核心理念，那么市场投入越多越久，带来的主动咨询将越多，质量越高，企业的收益将越大。

建设外贸企业网站是开展网络营销非常重要的一环。事实上，大部分外贸企业网站都没有发挥出应有的网络营销作用，平均每个中国企业网站一年的访问量都不超过 50 次。这跟外贸企业对网站建设的认识是分不开的，多数企业认为外贸网站是企业的网上门面，越漂亮越好。美工设计、Flash（闪客，一种动画创作与应用程序开发于一身的创作软件）动画、企业形象成为外贸企业最关注的地方，至于外贸网站是否符合网络营销的实用性需要，是否便于今后的功能增加或调整，是否更符合国外买家的行为习惯则并不考虑。大部分网站建设服务商也一味地迎合企业的喜好，在表现形式上大下工夫，拉高网站建设费用，至于内在功能和营销应用环节则不做深究。

外贸网站建设是服务于网络营销的，推广之后能带来询盘这一点一定要明确，就像盖房子的装修一样除了美观，更重要的是适合居住，环保健康。企业网站建设应当美观与应用并重，既要注重企业的形象展示，又要明确网站的网络营销服务职能和流程，注重产品或服务的展示、用户互动、信息检索、客户体验等环节的建设，使网站更加实用、有效。

7. 盲目营销，群发垃圾邮件

很多外贸企业在面对网络营销的时候无所适从，明明工作量不饱和还招募很多外贸新人。不少外贸新人选择了发送垃圾邮件，或进行信息群发到以前积累下来的潜在客户群中。虽然短期内外贸企业能够收到一些询盘回复，但不利于外贸企业的长远发展。如果中国的外贸人都这么做，那么后果非常严重。

首先，国内外贸企业的形象会整体受到损害，垃圾邮件深受买家厌恶。外国企业很有可能会认为发送垃圾邮件的多数是一些小公司，其产品品质低劣甚至是非法产品，一旦中国的外贸企业与垃圾邮件为伍，其形象在潜在买家群体心目中则大打折扣。

其次，外贸企业一旦习惯于这种价格低廉、自身伤害性大的网络营销方式，盲目追求低付出高回报的畸形网络营销产品，缺乏对投资回报率的正确认识，将很难接受真正对企业健康有益的网络营销推广服务，从而错过网络营销的机会和企业发展的时机。

第二章
知彼知己，百战不殆
——外贸快速赢利的密钥

利益促发竞争，许多外贸企业难以快速成长。企业在感叹为何竞争如此激烈的时候，首先应该思考中小出口企业成长必经的四个阶段。

第一阶段（0～3年）：生存阶段。一般在这个阶段，企业需要积累客户，只要能将产品卖出去，不管什么方法都要去尝试。付费广告B2B和免费邮件营销似乎成为获取新客户的必要渠道。挣扎在生存线上的企业非常多，老板通常跑在第一线，不管是谈客户做业务，还是研发产品，都得亲力亲为。

第二阶段（3～5年）：发展阶段。到了这个阶段，客户越来越多，市场需求随之不断增加，可是快速发展带来的服务问题也越来越多。如果没有营销流程和必要的客户管控，公司是很难发展壮大的。往往公司里一个老外贸业务流失，公司就可能损失好几百万元，业绩迅速下滑。

第三阶段（5～10年）：做大阶段。有了营销流程、客户管理等，团队开始分工协作，各司其职，基于岗位确立明确的考核制度，就此公司进入一个快速上升期。做大阶段最重要的是对现有资源进行优化再利用，开源节流提高利润率。企业只能因为内部管理问题导致公司人数和客户数越多负担越重，举足不前，很多中小企业是先做大再做强，所以管理层压力会非常大。

第四阶段（10 年以上）：做强阶段。企业的内在实力决定品牌的效力。往往早期进入的新市场也逐步进入成熟期，最后市场最终只认可几家比较大的公司。凡是前一个阶段打不扎实功底的，都会拉长企业发展的成长时间，拖延进入下一阶段的速度。

中国商业规则不完善，很多人还停留在为自己生存的层面而拼搏，所以不同阶段的企业在同样一个环境中以唯一的价格战作为杀手锏来竞争。这就使得绝大部分外贸企业进入不了第二阶段，这多半都是因为没有内部营销系统的管理导致停滞在小规模发展期。这个时候的你，大环境改变不了，怎么办？

其实，在竞争中定位最重要。你用什么样的产品？会帮助什么样的客户？解决什么问题？同时测试合适的广告渠道可以让你利润翻倍，定位清晰了，哪怕免费用邮件开发也是有用的。关注点聚焦在创造目标客户的价值上，把如何开发新客户，如何留住老客户做好了，其他的消极影响就都不重要了。聚焦在客户的执行上，环境再不好，企业也能活得下来，不能指望所有客户你都能做都想做，有时候就是贪大变贫。

在了解了自己企业所处的阶段后，在互联网时代的背景下，外贸企业还要准确把握外贸电子商务赢利的核心，这样才能使企业免受价格大战之苦，从而提高利润率。

第一节　外贸营销存在的十大误区

一开始，发现很多企业对于电子商务这种新生事物采取了拒绝的态度，不愿意尝试新的东西。当时都认为自己的生意很好，新客户不去开发也没有问题。这就是外贸营销方面的一个误区，是不是眼前的几个大客户生意好，我们就可以停止在新客户开发方面的投入，停止用广告去吸引潜在的客户？

有些企业说，我也在做呀，通过展会，每年都见不少老客户。你要知道网络才是造势并带来垂询的主要渠道。线下是成交大一点客户的主要渠道。如果你用线下去造势，开发单个客户的销售成本会很高，而且互动差、周期短的特点会使得获取到的名片资源不足，没有办法接触到真正想要下单的客户。

2005年之后，伴随着这些平台的知名度提升，加上外贸行业内部竞争的加剧，一部分企业在平台上赚到了第一桶金，吸引了更多企业的加入。很多企业主对电子商务的运营模式了解甚少，只知道在最知名的商务平台上投放广告，所以卖方市场快速逆转为买方市场。中国的产品价格和供应商信息全部展现在外国人面前，也加速了行业竞争，让卖方的成交变难，就像很多人听说外贸赚钱时再进入就不容易赚到钱一样，很多刚刚进入外贸行业的人的业绩停滞，由此体现了弱肉强食的真实商业状态。

2008年第三季度，阿里巴巴对国际平台付费会员的价格进行了调整，随着付费会员门槛的降低，大批量小规模、低成本、劳动密集型的生产企业涌进平台中，使得外贸出口企业之间的竞争更加激烈，甚至不具备基本经营条件的企业都在做网络广告，这一现象体现出成长阶段的无序状况。

在大市场悄然变化的过程中，凡是遇到压力的企业都是因为在2001—2005年没有有效地重视新客户的开发，老客户服务和新客户开发的投入比重失调。企业需要在新客户开发方面持之以恒地去做，我们不要求每个客户都能成交，但是必须要让客户对我们有足够的了解，跟更多的买家互动，收集信息从中筛选出最有价值的客户。

由于国内外的贸易信息不对称，使得国内众多 B2B 平台孕育而生并快速成长。中国中小企业数量高达 4300 多万家，B2B 平台正是靠中小企业为基础发家，却不一定能成为它新的经济增长点。有分析家认为：B2B 平台可能面临着无法突破的增长瓶颈，它的收入主要来自会员，现在会员数量增长趋势明显放缓，预示着 B2B 模式的营利暴涨时代已过。B2B 电子商务市场正呼唤另一种营销模式，一种以企业自身平台为核心，多种营销渠道共同操作的整合营销推广模式，B2B 渠道不等于电子商务，只是其中的一种手段。

在外贸营销过程当中到底存在着什么样的误区，我们应该怎么去应对？其实对出口企业来说，经济环境发生了翻天覆地的变化，2009年之前有很多的企业是靠一对一的销售跟进、靠传统人脉关系参展的沟通来获得相应的订单。现在买家的购买需求有所变化，企业自身的定位也与往日有所不同，行业内公司的低价竞争也对外贸行业形成了一定的冲击，所以导致外贸企业发展缓慢。如果还只是用以前一对一的销售方式来创造业绩，就会非常难。

误区一：把销售当作营销

销售是将产品卖出去，营销是让买家主动想买，让销售变得更容易。

如果企业没有很好地适应环境的变化去做出相应的改变，那么其营销效果肯定不尽如人意。很多外贸企业因为听说外界环境不好，所以缩小了在营销方面的投入。由此企业就会衍生这样或那样的问题，但是根本的问题还是在于营销方面。环境越恶劣越需要在营销方面投入更多的资金、时间和心思。可能有人会说，谁说我们没在营销方面投入呢？你看传统参展我们也投入不少钱，对新兴的 B2B 平台也花费了不少钱，可就是没什么效果。

在整个大环境中，很多老外贸是靠个人的能力最终促成交易，但在他们的角色转化成今天的创业者、团队管理者之后，他们依然没有认知到我们要学习新的营销手段，应用新的营销方式。所以，营销和销售最大的差别在于销售是靠单对单、一对一的，但是营销是一对多的，我们要让大量用户能找到我们。如果你的企业还是靠老外贸的经验、资源，那只会阻碍团队的发展和公司营业额的增长。营销网络化，让产品的信息透明，这样就会让买家拥有更多的主动权。

然而，很多企业在做网络营销时却忽视了这点。在这个过程当中凡是没有重视营销的企业，生意都比较惨淡，最终会导致企业倒闭。如果企业应用得好，就会获得相应的收益，把业务做得越来越大。

误区二：B2B 平台等于外贸电子商务

电子商务在国外已经进入成熟期，而在中国还处于发展初期，直到现在也还是如此。很多传统大企业不重视电子商务，中小传统企业想要依赖电子商务开发客户，却对电子商务没有一点概念。

大家都有一个共同的误区，认为 B2B 就是外贸电子商务。其实，线上的搜索引擎、邮件营销、博客营销等都是有效的营销手段，线下的展会营销也是最容易获取买家信任的，只是因为同行竞争而使得成交率大幅度降低。这就需要你有全局思维，需要线上带动线下，线下影响线上，利用整合的力量创造持久的商业询盘机会，并建立稳定的赢利系统。缺乏系统的营销思维模式，必将无法拉动业绩的增长。

在2005年之前，通过粗放型的广告跟风投入，就可以为企业带来询盘机会并且转化为订单，收回投资，但是现在我们应该细化地去管理我们的投资，分析哪一部分投资是为我们赚回来钱的，哪一部分是没有受益的。

坦白地讲，大部分的企业的广告投入有一半是浪费的，关键是有多少企业分析过浪费的点在哪里。如果能分析出来哪部分投资是无收益的，比如说哪些B2B平台，哪些展会不能为我们创造价值。如果我们能把这些信息量化和评估出来，那么你就可以把浪费的钱省下来去投资其他的营销形式，让更多的客户通过这种有效的形式来找到你，从而增加企业的业务量。没有数据分析，仅靠专业知识和经验很难帮助你做出正确的决策。

误区三：广告只是做宣传，销售还得靠人做

现在很多企业还在依靠大量地招聘外贸人员来推动企业发展，你会发现在没有面试培训筛选、营销流程、岗位分工的情况下，招聘新人是产生不了更多业绩和成果的。其实网络广告可以直接带来最高质量的销售信息，B2B平台、公司网站都促进销售，其整体效果比招聘新人更好。

现在招聘来的外贸业务人员，每天的工作就只是在网络上发布和更新一些产品的信息，或者在网络上收集行业采购商的邮箱信息，通过一些免费的邮件群发器群发一些邮件给外国企业；或者是处理付费平台上一些群发过来的询盘信息。通过这两种方式来开拓客户的成功

率非常低。

所以，很多新的外贸业务员在一两年内都无法接到有效客户。业务员的压力大、执行效率低，特别是在工作三个月之后。现在企业的生存是以业绩为导向的，没有业绩的业务员也不可能得到高的回报。业务人员的流失，对一个成长型企业开拓国际市场是非常不利的。很多企业对网络成效的评估偏差，对国际市场客观存在的机遇难以把握。旧的营销模式不改变就无法带动企业的发展，而环境已经发生变化，管理者的思路也要随之做出相应的调整！

误区四：只重视短期成交，不重视客户的筛选

如果老板是做业务出身，一定有这样的意识，客户还是要选长期的好。现在的外贸生意仅靠第一单是赚不到钱的，价格降低的同时单量也在减少，要靠返单的量带动整体稳定的利润，那么客户的筛选和判断是外贸人员要学习的最重要的一课。但是，现在外贸不好做，公司内部考核的是短期成交，好多业务人员只想成单赚取佣金，缺乏长远眼光。

所以公司在生存期过了以后，会发现越做亏得越多。为什么？因为今天业务员的订单多半来自 B2B 平台，在询盘量不够的情况下，业务员就是在价格上依着买家的想法走，力求成交，导致最后很多隐性的人力服务成本和管理成本都没有计算在内，明赚暗亏。因为产品价格低，所以其质量也好不到哪里去，客户返单的可能性也大幅度降低。

对客户、业务的管控只停留在邮件管控的层面，想想看每天那么多邮件来回哪里看得过来？什么客户做，什么客户不做，什么是公司的好客户，什么是公司的差客户？几乎很少有公司会探讨这类问题。

误区五：停留在简单的买卖，生意无法长久

市场扩大后，询问产品的人多了，但真正买的却少了。为什么？因为在供应商资源充沛的情况下，买家也遇到了难处。买家分两类，一类是懂行的买家，跟这样的人合作企业很难赚到钱；另一类是不懂行的买家，可这类买家对于众多的供应商，分不清该如何挑选，分不清价格的高低和质量的好坏。所以很多卖家还停留在只是介绍产品属性的阶段，这样的话企业很难有大的发展。

在定位明确的前提下你帮助客户的越多，比如站在客户角度上分析如何鉴别移动电源质量的好坏，这样有助于跟客户建立更加紧密的合作关系。只有把细节做到位，才能创造更多的合作机会。

误区六：广告一成不变，环境不好缩小投入

广告特别有效的时间通常在最初投放的 6～12 个月，之后伴随着同样形式和内容的同质化竞争，效果会持续下降。现在网络广告的投入成本低，其他公司会购买同样渠道的广告，就好像在淘宝上，当所有卖家都只是在广告中介绍产品时，买家会更倾向于那些承诺不同服务的网店，比如有介绍退换货，有说明如何鉴别质量好坏的。在同一个 B2B 平台上，差异的广告才会吸引买家。买家的要求在不断提高，商家必须与时俱进，修改原本枯燥的产品介绍，增加服务的介绍才能吸引更多的潜在买家。

所以需要评估投资回报，并及时作出调整。环境不好时，你更应该减少不必要的人员开销，加大广告方面的投入以带来更多客户的主

动垂询，从而生存下来，而不是像很多企业那样在推广方面只依赖一个 B2B 平台。

误区七：我们卖的只是产品，赚的只是差价

我们卖的不只是产品，产品只有价格，服务才有价值。外贸企业曾经靠产品的低价来获得客户的青睐，而成本也是我们获取暴利的基础。如今大多数企业的成本优势已经不复存在，如果再不把服务进行重新定义和量化，那么便无法在同行中脱颖而出，也就无法吸引到潜在的客户。

从客户的角度来说，我们是在帮助他实现赚钱的目标，让他有更多的选择和自由，服务的本质是为客户提供一套合理的解决方案，通过对产品价值的介绍来提高其价格。

误区八：买家就是要买便宜的

买家不是要买便宜的，而是期望能占便宜。当买家发现网上到处是中国便宜的产品时，更关心的是同等价格区间内产品的品质和服务。就目前而言，众多的供应商广告中都无法体现买家的这一关注点。

不同买家群体的侧重点是不同的，没有实力的买家买便宜的产品，优质买家则更看重产品的价值和服务；对于中间商而言，价格是第一要素；终端买家比较在乎产品的品质和保障。

误区九：所有询价的都是你的买家

推广带来的结果就是询价多，如果把每个询价都当作确定的买家来进行个人化接待和个性化报价，那么不仅会耗费人力、物力，而且其回报也是非常低的。在商业信息透明的环境下，选择比努力更重要。

聚焦真正的优质客户。真正的好客户不会对价格那么敏感，他往往更看重产品的质量和服务。不必在乎其他人的评价，只要和你的客户建立一个良好的关系就可以了。

为此你想得到什么样的买家，就得向不同的买家群体展示不同的方面，不是所有的询价者都能成为你的买家。在网上信息如此泛滥的时代，甄选对目标客户有价值的信息传递出去，才能吸引来优质的买家，不花心思只是花钱买广告和参加展会，只会湮没在众多同行中。如果企业没有定位，即服务什么样的买家，为怎样的买家提供什么样的服务？跟竞争对手没有区别，那么低价竞争的企业做得越多亏得越多。往上变革才是出路，低端定位的竞争一定比高端定位的竞争要激烈得多，为高端客户提供服务，需要摒弃之前只是低价卖货的赚钱方式。

误区十：人多是业绩提升的保障

现在外贸的大环境不好，团队规模越小越有利于管理。盲目地增加雇员对于很多小的外贸企业而言是错误的选择。这种以人为导向的管理思想从根本上已经不适用于这个信息社会。

现在绝大部分外贸人员的新客户开发都依赖于企业推广获得的询

盘机会，而不是个人独立开发的业务能力和行业经验。这样只会带来更多的成本压力和管理问题。企业是以赚取利润为目的，以帮助客户创造持久价值为核心的。一般的老板都喜欢人海战术，以为这样能省钱，人力成本不高，其实是大错特错的。人海战术带来的更多是管理精力和培养的隐性成本，拖延了企业发展速度。省下人力成本多投点有效的广告，才能帮助企业获取更多的利润。

第二节　外贸电子商务赢利的核心

我们会发现，同在外贸行业，其收入的差别却非常大。有的人一年能因为做外贸而买车买房，而有一些依然一无所有。为什么？比方说同样是在做业务，把做服饰生意的业务人员和做机械生意的业务人员相比较，其收入差别就很大。我们在江苏服务的机械企业，4个人能做到1500万美元，每个老业务年收益都会过百万元，而做服饰生意的业务，年收益能过15万元就已经很不错了。

到底是哪些因素导致了他们的收入差别如此之大？其实原因非常简单，生意的本质是利润，产品的利润高低决定了参与者收益的多少。在外贸行业，机械出口在2008年以后快速升温，而服装行业却因为劳动密集型加工的低附加值，导致利润越来越低，再加上整体订单量下滑得非常迅猛，因此企业的收益大大减少。很多企业对环境的认知不够，依然投放大量的网络广告，加速价格竞争。其实，不管做什么样的广告，参加什么样的展会，都无法从根本上改变交易急剧下滑的趋势。

暴利来源于起点和终点的差异性价格，即在成本和零售价之间的不对称，有的时候也源于地域上的不对称。那么从趋势上来看，什么样的产品在网上最容易赚钱？其实跟网络无关，跟产品有关，放弃多年感情投入的那份依赖，理性地去判断外贸赢利的规律，这里将这些标准提供给你，你可以用慧眼在危机中寻找机遇，去发现能够赚钱的产品。

创新的、有独特卖点的、高档的产品。总结起来就是那些本身毛利高的产品才可能赚钱，网络只是营销工具。如果你的产品本身在线下不赚钱，在卖给中间买家时没有30%以上利润，卖给终端个体消费者没有5倍的差价，那这种产品最好不要选择。因为做外贸电子商务推广更无法赚钱，信息透明化很快会让同行效仿你，效仿你做的产品，效仿你的广告手段。

也许你会说现在哪里有利润30%以上的产品呀？行业内大家都在打价格战，做的都只有10%的利润，那么你就得做出选择和取舍。到底是像大家一样简单做事但是每年都在为低价竞争而烦恼，还是想赚钱做有潜力的生意并获得持久订单？如果你想这样就要做出选择，如果你是要辛苦地服务很多客户，从长远看赚不到多少钱，而且无法有时间去选择自己要的生活。如果你是选择有利润的产品倾入精力和资金，就需要做充分的准备和细致的市场调研。在利润日益下降的趋势下，只做少部分高端客户，同时将你的服务做到极致。

雅帝家居专注于经典家具制造、生产和销售，已有多年的外贸销售经验，一年的出口销售额大约为8000万元人民币。不过，2012年它遇到了发展的瓶颈。根据客户要求不断开发新产品，为了突破年销售额1亿元的目标，大量增加广告的投入和外贸人员，但销售结果还是很不理想，不光是业绩上不去，利润反而大幅度下滑。

在合作咨询服务时，通过上门调研和咨询沟通发现雅帝家居的最大问题是客户定位不清。它希望发展更多的经销商或小型批发商，于是销售迫于业绩考核的压力，不管客户大小，其个性化的需求都去想办法满足，导致企业一直处于忙而少果的阶段。通过调查发现其客户中有大量有意愿没实力的个人买家，只是因为自己买过雅帝的产品，用了很喜欢，就期望做代理商，而业务员也是来者不拒，一视同仁地接待和服务。为了帮助这些个人买家吸引客户，甚至帮助他们做网站。

通过对财务数据的深度分析，从销售量和销售额方面帮雅帝筛选出优质客户，聚焦优质客户，提高价格淘汰个体用户，精选销售团队（20多个销售员裁至5名销售精英），在当年年底就助其突破了1亿元人民币的销售额。

通过该案例，我给大家总结了外贸发展的三种选择。

1. 外贸发展的三种选择

（1）安于现状

在外贸大环境下，依旧做老产品，没有产品创新，营销手段和管理手段也不创新，指望着外贸环境能转好这是不现实的。未来很多中间环节会减少，产品利润因为行业信息越来越透明而降低，在这种情况下不可能仅仅通过增加各种广告投资来提升效益。即使增加了广告，企业利润未必上涨，做的客户越多麻烦越多，网上垂询真假无法甄别。这个时候不如做精做专。广告带来的商业询盘数量增加而其品质却下降得非常厉害。对于那些没有长久合作价值的客户，需要主动选择放弃。

（2）选择有利润的创新产品或者提高服务的附加值

在原有产品收入点稳定的情况下，需要在原有产品基础上做创新，研发更多客户需要、利润更高的产品或服务，这属于横向创新。客户很可能在原来就有跟你提过一些需求，并且表示愿意支付相应的费用，只是你可能因为原有模式简单，没有投入时间和精力去深挖，现在应该认真地考虑一下客户的这些需求了，一味地因循守旧只能让企业走向死亡。

（3）选择不同的客户和市场，做有利润的生意

现在欧美经济不景气，如果对你影响很大，那么尝试新的市场，或者选择一些小众客户也未尝不可。很多人说我不想做低端，如果低于你的报价和利润底线的，可以不做。宁愿一年少接些订单，但是利润不能降低。在资金投入之前，应多做一些市场调研和分析，否则就可能会造成投资的浪费。

2. 同质化的产品如何赚钱

很多企业会说，短期内我是不可能换产品的，同质化的产品如何赚钱？企业可以从以下几个方面入手。

（1）选择不一样的市场

现在欧美的常规产品竞争激烈，全球买家如此之多，你可以了解一下拉美和俄罗斯这些国家和地区有没有市场和需求，相对应的政策又有哪些倾斜等。

（2）选择不一样的广告渠道

现在很多人都跟风利用 B2B 平台，如果这样得来的询盘质量比较差，签下来的客户像鸡肋一样不赚钱，那么企业可以考虑其他广告渠

道，比如投放 Google（谷歌）广告，建立企业自己的网站等。

（3）选择差异化的产品介绍

差异化产品介绍是相对同质化产品而言的，如果你原来都是只介绍产品，那么吸引来的就很可能是那些只关注价格的客户。如果你用不一样的方式介绍自己，强调服务的细节，强调客户的见证，那么吸引来的就会是那些关注价值的客户。

3. 测试、测试、再测试

如果只是从培训中学到一些理论知识有什么用？很多人就是在课堂上头脑清楚，回去却找不到方向，也抓不住做外贸营销的本质。我的看法是，凡是花哨前卫的技术都不怎么实用，营销最重要是从简单易上手的开始，因为大部分出口企业的人员分工和执行团队经验还不足，没有必要去追求完美的理论掌握。

企业营销的必经之路一定是"测试、测试、再测试，有用了再放大。"实在地说，企业花那么多钱学习却不去找最简单的方法去尝试，就像空口支票、空中楼阁没有多大的益处。况且学习也是有成本的，只有实践了，才能有回本的可能。

通过多年对外贸营销推广领域的思考和经验积累，我可以说，做好实用的营销型企业网站是最基础的第一步，付费推广中 Google 广告的投放是最有效的，而群发开发信是上手成本最低的，这些最简单的都不去做，还谈什么营销。

曾经有一家企业咨询我，该企业致力于 B2B 平台不直接零售，有自己完善的企业网站并且制作了 Google 广告推广。点击有，询盘有，可是询盘的质量并不高，很多都是要求零售，或者购买配件的，该怎么办？这种看似面面俱到的推广，其实是细节出了问题，做生意需要知己知彼。

知己——广告的词汇和广告牌的创意带来了非目标客户，那是关键词有问题。最简单便捷的测试方法是：用自己投放的词汇搜索一下，看看你的广告牌是否会让你激动，从而推想出它是否能打动你的客户；也要注意广告牌是否写明了你的贸易性质，比如不零售，最小起订量多少等，同样在网站上也要标明。

知彼——需要关注跟你投放在一个平台上的是否为表明单品价格的零售广告。若与那些 B2C（Business to Customer，商对客电子商务模式）的企业放在一起则很可能会被浏览者当成具有同类贸易性质。这样就会带来一些非目标客户。

有的企业，资金投入不少，但赚不到钱，因而越来越不敢投放广告。我还是强调：测试、测试、亲自参与测试！别指望那些卖你广告的会为企业的未来负责！因为这是你的企业，所以在验证策略成功和广告投放有效之前，都得亲自参与网站改良测试、广告词测试、广告牌创意测试。除非你已经有得力的人帮助你负责，否则钱就这么白白地浪费掉了，开源不了，节流没有方法，还指望下属为你操心企业的未来，这样的公司可能赚钱吗？不可能！

有的企业宁愿瞎花钱，也不愿意回到客户开发的本质上来。例如：新业务员没资源，也不老老实实发邮件。能执行到每天发 100 封邮件的人有没有？小公司的老板有没有参与模版写作或者审查？有的老板甚至对开发信的内容都没有看过。老板愿意培训新人，却不愿意写几类模板叫新人参考使用，光靠新人的创造力，外贸业务不可能好的。

现在好多新人写的邮件像写给机器人的，这些推销信发几百封也不会有结果的。

一些经营多年的外贸公司都是以参加展会为主的，对于网络都不是很熟悉，怎么去写模板给新人？其实把朋友间有效的模板拿来就可以了，别人发了有回复，改改照样有效，老方法别认为就不好。抓住客户关心点，站在客户的角度去写，多揣摩国外客户写邮件的特点，慢慢地就可以写好了。回复询盘时抓住客户邮件的利益点和客户所关心的细节，邮件内容不用很复杂，让客户知道你做什么产品，有哪些优势，如果合作会有什么好处就可以了。

如果你还是在用传统的方式人工获取客户 E－mail，人工一封封地发邮件，那真是效率低下。我还是用支持自动化的工具发，可是能经过测试并用上的没有几个，任何新工具的使用都需要一个熟悉的过程，但新工具会比人力效率高这是肯定的。方法我们已经知道得太多了，关键是知道了会不会用，又能否用好，我在深圳外贸黄埔军校上曾提到建立企业网站的案例，详细分析了网站的投资回报价值，例如如何选择网络服务商。企业自己的品牌网站是所有网络推广的核心，这非常重要，可是这些外贸人员在学了以后真正去执行的不到10%。

再谈到搜索引擎优化，其实这并不是老板该懂的，也鲜有业务人员能学会，这些都是需要大量岗位工作实践才能掌握的，最重要的是它出效果的周期长，至少需要6个月不见效益只有过程付出的"沉默期"。很多公司在业务员还没学会搜索引擎优化的时候，坚持不到半年就将这个方案否定了。大家都乐于使用短期有效的方法。要想改变外贸人员消极对待的格局，外贸公司就应该慎重招募新人，与其招募5~10名新人，不如把产品的营销推广外包给专业又经验丰富的公司去执行，或者让不上进的业务员离开，让不适合做业务的人去做推广。

这样钱就省下来了，效率就可以提升上去了。有些软件用不顺手大可不必继续用。

靠人力的外贸时代已经过去，成本最低的就是邮件营销，但是要循序渐进，也就是说要靠负责人带头去执行，测试合格再放手。目前大多数企业的现状是招来个人就把业绩压力一下放，试想一下，如果徒弟都能那么快养师父，那还要师父干吗？

当然，光靠负责人的改变也是不够的，新人也是个问题。初入行业没资源，就要勤快些。有些新人邮件也不发，一天也谈不了几个客户，这就是新入行的外贸人员的现状。

外贸暴利时很多问题都被掩盖了，大部分从零起步的老板都没有丰富的管理经验，业务好时没有那么多精力去关注管理问题。

对于一些小微出口公司，其实不必过早关注管理问题，关注客户和服务，关注客户开发手段。新外贸人员要想做好业务，还是得从自己发了多少邮件，联系了多少客户开始。如果这些基本的事都不做，天天看和学外贸技巧，是做不出业绩的。平时要多联系些客户，多借鉴别人的邮件模板，对于老外贸人员，建议自己业务还没有做起来创造效益之前，别招聘新人，把省下来的钱去投一些国外付费 B2B 广告，多发发测试邮件。当业务确实增多了再招聘新人来做跟进和服务，这才是对新人实实在在的培养，在实践中，熟悉产品和业务流程，而不是一开始就学习销售技巧。

第三节　未来的外贸营销趋势

想要知道未来外贸营销的趋势，就必须先了解外贸网络营销刚兴起时的格局。正所谓了解过去，才能更好地把握未来。

1. 外贸网络营销刚兴起时的格局

2000 年前后，阿里巴巴和中国制造网等处于创业初期，都做过帮中小出口企业建立自己的网站和网站推广的业务，后来发现很难提供标准化服务，服务人员的专业素质要求极高，人力成本太高，赚钱少，也很难做大，所以就放弃了个性化代运营服务，做了综合性平台，打造了自己的品牌。从为企业一个一个地做服务转变为平台模式，推广自己的网站，然后租赁网络广告铺位给中小出口企业，收取年费和排名优先费用。

2002 年在阿里巴巴时，为了搭建一个有人气的网上供应商信息超市，一开始就组织了一支有规模的搜索引擎营销团队。稍微了解一点网络的人就会知道，一个网站上的流量还是网上带过来的成本最低，也最直接和最有效，为此当时光 Google Adwords（一种通过使用谷歌关键字广告或者谷歌遍布全球的内容联盟网络来推广网站的付费网络推广方式）年度广告预算就达 1000 万元以上。

作为电子商务赢利模式，这是典型的有中国特色的标准服务，搭一个大市场然后租有客流的摊位给你收年租金，你不懂网络也不上网，那就用传统做保险的方式去向你普及电子商务知识，用同行已经上网来刺激你一定要上它的平台。

在信息不对称的时代，只要你的外贸业务能力不差，那就有钱赚。当时国内电子商务普及应用的难度非常大，中小企业要最快的结果，因为不懂，所以敢尝试新的东西的企业毕竟是少数，仅靠购买网络广告就能带来主动需求的客户。当时的 B2B 平台还是个卖方市场，竞争者非常少，买家也不多，几个询盘中就有一个实盘，当时都是中小甚至微型贸易公司在做，手上缺少客户资源的，被逼得没办法，后来发现这些企业当时都赚到钱了，而那些大中型贸易公司却对这种新型的营销方式少有重视。

2. 未来外贸营销的趋势

用传统外贸销售方式开拓新客户做外贸，阻力已经非常大，那未来外贸营销的趋势会是什么样的呢？谈谈我的看法，可供参考。

第一，依靠个人能力取胜的时代终结，师父带徒弟，徒弟养师父、养公司已经不现实，持续发展靠系统而不是靠个人的力量，所以要建立营销系统和内部信息管理系统，除非你不想公司可持续性地发展。

第二，网络广告成为带来买家销售线索的主要渠道，把多渠道网络广告投放变成常态，想用好必须有组织分工和架构支撑信息化建设，推动网上来询盘线下获成交，成为开发新客户的主流，而单靠业务人员的单一架构无法实现执行目的。

第三，作为获得客户持续关注的核心，要做好自己的品牌网站，真正展现出自己的服务价值和公司的实力而不仅仅是产品信息，多渠道的把客流引向自己的网站，才能得到更多高质量的垂询，这是建立和运维企业赢利系统的基础。

第四，打造和梳理前端涉及营销推广的作业流程，而不仅仅是后续跟单流程的细化，把成交变简单，让每个工作岗位的胜任要求变简单，发挥团队的整体效力，让团队成员清晰地筛选和跟进，而不是每天忙于应对网络询盘的报价而没有成交。

第五，大生意还是靠线下面对面的沟通，网络起到一个信息传播的作用，除非你是在做直接在线零售，不然不能像依赖展会一样依赖网络。做好线上宣传，筛选优质客户线下见面成交。凡是非零售的生意还是见面洽谈才能做大，一方面可以了解市场需求，另一方面可以了解竞争态势，而完全通过网络沟通而直接签单的订单会越来越少。

总结起来，首先，你应该正确看待外贸营销环境的不好，不要试图等待环境变好，环境只会越变越坏，你该做出怎样积极的行动？作为一个乐观的理性管理者，你应该扩大在宣传推广方面的投入，不管是线上的还是线下的。

其次，你应合理地规划你的广告投入，并且计算出哪些广告投入是有回报的，哪些投入是没有回报的，要量化地分析而不是凭感觉听业务员的一面之词就把它断掉或者续费。中小企业的资金有限，如果广告或者展会投错，那么会对企业造成巨大的损失。

最后，如果企业的生存没有问题且资金允许，那么就要对自己企业网站的网络推广持之以恒地去做，不要以眼前的订单为出发点去做网络推广，要为未来3~5年企业的生存和发展去做营销，很多企业现在经营不好是因为早几年忽视了推广开发新客户的重要性以及网络推广的价值。从投资回报率来讲，网络手段是投资回报率最高的方式，在过去的几年当中也见证了许多出口企业在很短的时间内赚到了很多钱，当然重点还是你的产品还有发展空间和利润，这样网络信息推广的价值才能体现出来。

在2008年有一家做LED（Light Emitting Diode，发光二极管）控制器的企业，它是一家很小的工厂，但在行业当中其产品颇受好评。面对有限的客户群体，这家企业的年贸易额大概是1300多万元。作为一家技术型、产品型导向的公司，它不知道该如何开发客户、如何营销自己。

当时他企业的负责人陈总找到了我，咨询就外贸营销这个部分他应该如何去做，因为他们的产品非常专业，应用非常广泛，但客户和他们都不容易找到彼此。我说："你们是做产品研发的技术型公司，你去找客户不如让客户找到你，所以你要追加在这方面的投入，首先应该考虑通过网络让客户主动找到你。"

我教他外贸整合营销的方法，他自己去做站点，做对外的一系列的营销推广，使得每个月都有大量的客户打电话、发邮件来跟他联系。他有了筛选和淘汰客户的主动权，一直到他兴奋地告诉我，他2013年的营业额是4800多万元。

对于一家小工厂来讲，每年用翻一番的速度去做，如果只依靠传统的思路，招几个业务员，可能因为行业专业根本招聘不到有行业经验和客户资源的人，很有可能很长时间都没有任何业绩，而企业是从人一到岗位就开始投入成本的，单对单推销模式的话我相信新人做不到。他借助了我们对网络规则的熟悉找到正确的营销方向，借助正确的网络营销手段，并适应了这个环境的市场需求，才吸引了有主动需求的客户找到他、了解他，并最终选择他。

许多机械企业在刚开始做外贸的时候并不清楚市场在哪里，通过网络测试细分起来，拉美市场对塑料饮料机械的需求量大。我在服务张家港好几个机械行业的龙头企业（如塑料机械、饮料机械、双螺杆挤出机、弯管机等）中发现，2008年以后，越来越多的机械产品得到了互联网终端的认可，外国企业通过线上认识、线下订单的途径找到企业。企业在我们的服务下通过信息不对称、选择差异化的市场、网络推广等途径快速成长并抓住发展趋势的关键。从2010年以后，中国机械的出口才真正开始快速增长，而最早开始在行业内做自身站点推广的企业获得了最大的受益，获取信息和管理信息的能力也将成为企业的竞争力的一部分。

第四节　营销不是孤立的，整合才能有未来

1. 线上线下营销互相影响

之前很多企业都把营销当作孤立的、单一的形式，例如今日投放某 B2B 平台的广告、明日参加某展会等。一感觉没效果就转换使用其他的销售手段，没有一个整体清晰的营销思路。其实各种形式的营销是互相影响的（它们的关系可见图 1，这是我 2006 年创新做出来的，这也是未来推广的一个主体思想），只有将它们整合了才能创造奇迹。企业在长期的网络营销品牌建设时，在网络上需要有一个核心的信息源即营销型站点，让买家全面了解企业实力。该站点需要具备互动性，把线上与线下的活动连为一体。

从推广的角度来说，也分为线上和线下两个部分。从线下来说，大部分买家不会直接在展会上下单，而是在获取新卖家的信息、宣传册和样本之后慢慢筛选，或访问公司站点进一步联系，这也是线下推广影响线上推广的表现；相反地，企业也可以通过邮件营销等方式促使客户来展位咨询，由线上推广影响线下推广。即使客户没有真正到访，也增加了客户访问我公司网站的可能。

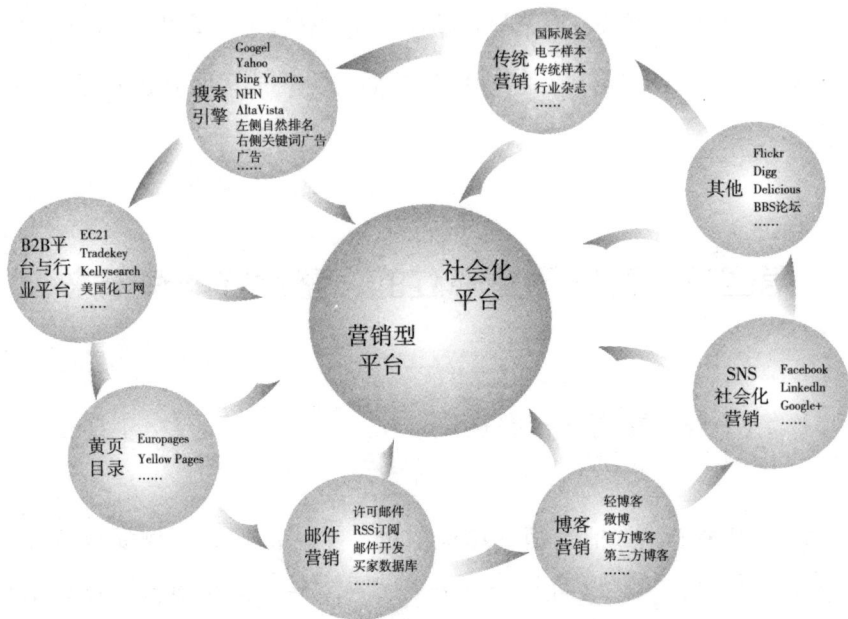

图1　外贸整合营销

2. 线上的网络营销

线上的网络营销本身也会带来潜在客户的访问，其中最为典型的是 B2B 平台，但其询价、比价的效力大，所以回复询盘的时间和经验会直接影响到转化，可以加入企业网站环节将客户引流到自己网站以降低比价的效力，提高自己企业的附加值。通过回复邮件对 B2B 平台潜在询价客户的引流，进而促使客户更加了解企业和信任企业，并发来更具体更有价值的信息。

仍有大多数买家通过搜索引擎来获取卖家信息，国外买家普遍会使用谷歌来搜寻相关信息，卖家所考虑的问题将是买家会搜索哪些词汇，是否能在搜索引擎上找到自己？搜索引擎当中细分为免费的与付费的广告，Google Adwords 就是付费广告的一种，效果立竿见影。投放后很快就能排在搜索引擎的前端位置吸引顾客点击，使得客户询盘的概率变大，对于一些冷门行业，其效果更是赶超 B2B 平台，不论是询盘质量还是成交率。免费的自然排名也是必要的，比如客人搜索到的品牌、产品的关键词能有上百个，在搜索量不大的长尾词上建议使用自然排名，让企业网站的触角深入到买家可能检索的每个词上。这些在后面的章节都会详细的为读者说明。

3. 邮件营销主动开发潜在客户

通过邮件营销主动开发潜在客户，从而引流到企业网站上发送询盘，最典型和持久的做法是，可以在邮件中承诺企业的官网将每周或每月更新与行业有关的信息等引起客户兴趣，使得客户愿意接受企业的邮件推广，自发在站点上订阅网站上的广告，就像我们订阅银行理财信息和淘宝支付宝的广告信息一样。

4. 博客营销是不可或缺的手段

互联网上的营销必须以让顾客了解更深入，取得顾客信任为基础准则。博客营销也是不可或缺的手段之一。不懂如何进行博客营销的人可以先从介绍团队、产品故事、品牌起源、客户评价等开始，包括分享行业当中如何分辨产品好坏的标准等一切客户视角、对客户有帮助、客户感兴趣的软文营销，带来持续的访问量和有效的垂询。

5. 黄页与目录营销亦不可忽视

网络黄页就是纸上黄页在互联网上的延伸和发展，网络黄页加强了网络与黄页的结合，更可以拓宽企业对外宣传的信息渠道。加入网络黄页目录一般是免费的，可以在英文版的中国黄页、亚洲黄页、世界黄页等网站上进行公司登记网址。但最有效的网络黄页推广还是在习惯使用黄页的目标国家的知名黄页上做广告，例如美国的 Superpages（美国一个比较著名的在线黄页），欧洲的 Europages（公司在法国，面向欧盟，综合性网站）等著名的黄页网站。

6. 基于庞大用户群的社交网络

类似 Facebook（脸谱，创办于美国的一个社交网络服务网站）、Twitter（推特，一个社交网站及微博客服的网站）等拥有庞大用户群的社交网络，从业绩成果而言，对于大宗贸易的企业可能效果很不明显，但长期的粉丝关注会给企业的网站带来针对性的流量，增大了询盘以及交易的可能性，不过值得注意的是必须在有一定推广团队基础的情况下去实施，否则不坚持做没有意义。这需要长期的投入，还在发展初期的出口企业就不用考虑了。

这就是外贸整合营销的本质，通过多渠道的营销推广吸引更多潜在客户找到你、了解你，并最终选择你，这是一个循序渐进的过程。要想多维度地展现公司实力必须利用企业的网站，而独立网站的全面性是一般 B2B 平台的橱窗或展位无法比拟的。

第三章
线上线下，花样百出
——外贸整合营销初体验

大家都知道外贸大环境不好，但在阅读本书之前，如果你没有以全局的视角来审视其原因与趋势，认识外贸环境的全貌以及自己所在的位置，你是不会采取任何行动应对的。

作为传统企业的负责人，虽然仅依托于前几年的机遇、关系和努力付出，你就可以得到稳定的客户。你可以求稳，可是客户总在变动中，为此你需要做一个选择，那就是要学会用网络广结人脉，让买家找到你，带着需求想跟你做生意，让销售变得更容易。

第一节　传统企业做网络营销要看时机和条件

1. 外贸的"黄金十年"

1998 年国家取消了外贸进出口的管制权，让民营企业参与外贸，使得外贸产业开始突飞猛进的成长。2001 年中国加入了 WTO（世界贸易组织），为民营企业做外贸开辟了一个全新的赚钱之路。从1998—2008 年算是外贸的"黄金十年"，中国物美价廉的产品极大地满足了全球市场的需求，同时也使得中国经济的三驾马车"外贸、投资、消费"中外贸成为最给力的一员，只是在中国同行业间，低价一直是竞争中最主要也是唯一有力的手段，更多的利润还是因为低价竞争让外国人赚去了。

2. 传统企业发展的困境

从 2008 年开始爆发金融危机，直接影响到中国经济，影响到出口企业层面有个时间的滞后性，用工成本上升，中国再也不是劳动力成本最低的国家，而靠人力发展起来的低成本、高利润的外贸行业也受到了来自东南亚更低人力成本地区的威胁，中小民营企业大面积倒闭潮正在发生中。

分析一下：现在中国经济的三驾马车已经彻底熄火，产业经济层面危机后遗症总爆发，股市受实体经济拖累回暖乏力，银行陷入"放贷难、回贷难"的两难处境，2012 年是历史上大学毕业生（680 万）就业压力最大的一年，一面是企业招聘不到有实干能力的人，一面是大学生就业不想找起点低的工种。

（1）外贸

绝大多数中小企业包括外贸企业，解决着全国 98% 的就业问题，可是在政策上能落到实处、享受到支持的非常有限，最终还是要靠自己。在内部营销管理上处于非常初级的阶段，从外贸广告的选择，到人员的招募和培养，有着非常多的问题。当外贸还是有利可图时，很多人都为了赚钱而不断扩张发展，从而掩盖了问题的严重影响，可是一旦海水退去，就出现了企业主只能裸奔的窘状。

（2）投资

中央授权地方，地方政府以土地置换现金，70% 的收入来自土地出让金，解放房地产，大力期望通过投资来拉动经济，政府债务已超

10 万亿元，楼市、车市发展放缓，但是地方政府投资冲动不减，大量城市基础建设有过度的倾向，你看看高速公路就明白了。

（3）消费

最近三年人民币贬值20%，90%千万资产以上的老板开始移民、歇业和缩小产业规模，老百姓手里的钱不值钱，而3.5亿农民工涌入城市也给城市造成了更大的负担。没有享受到国家的优惠政策，民营企业要是再裁员，将会出现大批无业游民，而这也成为社会主要的不安因素。

但尼采说过：那些没有消灭我们的东西，将使我们变得更强大。

3. 网络营销的机遇和挑战

虽然大环境有很多不利因素，中国每年约有100万家民营企业破产倒闭，但未来投资自己、进行企业投资及创业仍然是增强获利能力的最佳选择。

淘宝上有260万个小店主，1.8万家风险投资公司是各位创业者的助力集团，外贸个体Soho会更加多，都会用最低价格去吸引买家，这里面80后、90后是天生全球化的一代，也因此成为创业和消费的主力，其特点是肯花钱、全球化、意识形态包袱小、依托互联网做生意。

这给很多老外贸带来更多的挑战，我们了解这些情况是为了适应环境的变化，用更多手段积极地应对变化，传统企业如果不建立营销系统，依托于现有资源的再利用和深度数据挖掘，借力于网络营销公司品牌和产品并有效管理内部信息，用线上更多地带动线下传统生意的成交，将直接面临着从外贸行业退出的窘境。

4. 产品的海外市场需求

当然网络只是工具，核心还是在于产品的海外市场需求和价值，而非价格，所以依然在外贸行业打拼的企业要更多关注有利润空间和市场需求增长的产品。企业要从小出发不追求大，民营企业的未来模型是：

电子商务（网络营销推广＋内部信息化管理）＋专业公司＋小制造

此外，我还想强调的是，不管你是采用什么样的网络推广方法，最终在到达销售目的之前的过程中，就是建立与客户的关系。例如，假如你的企业想做QQ群推广，当你加入一个群后就马上发布你的广告的话几乎马上被清退出去。如果你在这个群里先不发广告而是先和群主以及群里的其他成员进行友好地互动的话，在和群主以及其他成员比较熟悉了之后，再偶尔发下广告基本上是没事的。

5. 网络营销开发客户的手段

没有一个外贸企业不说外贸难做的，可是他们开发客户的手段依然是参加一两次展会和购买一两个网上B2B平台的广告。现在单靠展会现场的效果肯定大不如前。从本质上购买B2B平台的广告只是传统企业从事电子商务的初级阶段，海外推广不光是购买单一B2B平台的广告这种形式，还有很多渠道可供选择。可是，如何选择是个学问，这也是接下来我们会去重点讲解的。

第二节　外贸整合营销概念提出

2005 年，我接触了环球资源，同时在业余时间了解了搜索引擎，包括 Google 的这种广告渠道。在此之前，我对于 B2B 平台像阿里巴巴对于企业的价值都有一定深度的了解。慢慢地，我发现企业其实并不是单一依靠一个广告渠道来获得更好的发展的，他们也有多样的渠道营销，因为买家群体的消费习惯、搜索习惯的差异，会通过不同渠道链接到卖家。

然而，在我深度研究了搜索引擎排名优化、Google 广告、B2B 平台营销等营销手段后，我发现今天的企业领导人缺乏多渠道营销的经验，往往只是接触一个到两个营销方式，例如展会和阿里巴巴平台的结合就开始做外贸了，开始可能还能获取少量短期的订单，对于持续给自己企业带来高质量询盘的营销手段主意甚少，早期获得的成功可能也限制了你对这方面的深度思考。

1. 企业必须通过多渠道的营销做出口

我在环球资源学习了展会营销、杂志营销，业余时间对 Google 付费广告、Google 自然排名这些渠道以后，我想大胆地提出一个理论，这也是我写这本书的初衷：就是在未来高竞争的情况下，企业必须通过多渠道的营销做网络营销，从而使客户找到自己、了解自己，并最终选择自己，从而使主动权最大化。只有在询盘数量大的情况下，企业才可以有主动权自行挑选适合自己的买家。

2. 外贸整合营销理论的价值

2006 年我首先在全国范围内提出了外贸整合营销理论，并为此从零开始建立一支服务团队来实践并为客户带来结果。我也相信有很多企业不可能完全依靠"店中店"或是线下展会的一两个摊位持续获得买家的青睐和询盘。

其实不管是 B2B 平台还是行业里比较领先的公司，他们网站自身的营销都可以作为学习的模范。现在很多企业主并不了解其他营销渠道，所以已经产生了过度依赖 B2B 平台的做法，并未真正地领悟到营销的精髓。企业建立自己的网站并对其进行整合营销，不但可以树立品牌形象，更是未来网络营销的大势所趋。让客户找到你、记住你的网址、经常回访才是企业持续获得高质量客户的核心所在，更是企业品牌营销的核心所在。

3. 专业打造外贸整合营销系统

提出外贸整合营销理论之后，我们还帮客户打造这个系统，从2006 年起建立了一个外贸整合营销的外包服务团队。因为现今还有很多企业并不理解我的差异化营销理念，很多团队无法去实现。从最困难的一两个人的团队到最多近两百人的团队，服务了上千家不同行业和产品的企业，不论是实现外贸整合营销还是基础地建立企业品牌网站，或是在帮助企业维护与运营企业网站上都一丝不苟，帮助上千家企业获得了超过 10 亿美元的商业机会。

4. 如何理解外贸整合营销的本质

如何理解外贸整合营销的本质呢？外贸整合营销的本质就是一种市场营销的行为，让更多买家通过多渠道的方式找到你的信息或网站。通过这些信息了解公司的全貌，通过翔实的信息说明，将公司的鲜明形象呈现在网络端，吸引顾客、留住顾客，并促使其发来高质量的垂询。

我首推的外贸整合营销所带来的价值是帮企业打造一个源源不断获取高质量询盘的系统，这种营销多渠道的理念将外贸推广渠道流程化。

大多数仅依托于单一营销渠道的企业遇到的最普遍的问题就是询盘量少，询盘质量伴随着平台的发展、知名度的提高及竞争同行的增多而下降。同时，企业自身的网站也鲜为人知。如果自己的企业官网使用"店中店"的橱窗展示方式或者拥有和一些大的 B2B 平台一样的知名度和客流量，那么询盘数量和质量会得到巨大的提升，转化成订单的概率也将变大。

押宝于某个单一的市场营销方式的风险是巨大的，就像栖树而息的鸟群，树大了，鸟群也会更加庞大；树倒了，鸟群必然需要择另一棵树而栖。这也严重制约了公司外贸的成长和进一步发展，形成恶性循环。

第三节　多渠道营销手段

如何去理解多渠道营销呢？其实，这无外乎分成两大模块，线上营销和线下营销，它们彼此相辅相成不可分割。

1. 线上营销的渠道

初创期的企业在线上营销上可能较多地依赖 B2B 平台，不可否认的是 B2B 平台的确是企业初创期的不二选择。因为在 B2B 平台里设立摊位橱窗等，门槛低、上手快，利用知名平台带来的客流量可以快速获得询盘，就好像一开始做线下产品时，你一定是做大商场里的"店中店"，而不是在马路边自己开店，否则客流量太少影响成交量，成交的金额都不足以支撑运营成本，这种思路跟网上是相通的。

对于成长中的企业而言，其线上营销的主导方向恰恰是要摆脱对 B2B 平台的依赖，要更多地去营销自己公司的网站，借助 B2B 平台的客流量带动企业官网的到访量，将通过 B2B 平台的询盘发展到自己企业的网站上提交有效询盘，自己企业网站上提交的询盘，价值会更大。

（1）搜索引擎营销

在外贸整合营销当中，搜索引擎营销是重要的手段之一，大部分国外买家在互联网端找寻中国企业时还是通过 Google 搜索，然而国内企业官方网站的制作并不精良也未受到重视，更未涉及搜索引擎的推广广告或是优化，所以其效力远不如一些 B2B 平台。B2B 平台在获得了流量后，将这些客源二次分流给店铺和橱窗产品，你在平台内部花了再多时间、精力和金钱，也只相当于在大型商场里租了一个小小的摊位。当企业逐步成长，需要建立自己的品牌时，就得自立门户，针对优质客户进行进一步的推广。

在过去的实战经验中，搜索引擎营销也是我们针对外贸企业在本地做得最早的。自从 2006 年帮客户建立企业站点时，就会首先考虑这个网站做成后会不会被 Google 自然抓取和收录，产品网页的关键词是否容易被 Google 提取和排位等。我把搜索引擎营销视为企业网络营销的关键所在，它需要企业用长期的眼光规划。

搜索引擎自然排名的优势是价格成本相对低，由于不需要缴费给 Google，可以付费请专业的第三方公司打造公司网站，也可以利用公司现有的网站设计人员进行制作，只因为这是自然排名，由 Google 的系统自动抓取收录的。其劣势是周期比较长，自然排名必须遵循自然规律，由访问量、信息量、产品关键词密度等联合决定，需要不断地更新与维护，过程比较烦琐，排名上升过程缓慢，沉默期在 3 ~ 6 个月。

搜索引擎营销能为企业带来源源不断的浏览量和询盘，但需要持续的人力投入，提供真正有价值的信息给客户或消费者，见效周期也较长。作为长期品牌营销来说，搜索引擎优化自然排名是必须要考虑的营销手段。

（2）Google Adwords 广告

和自然排名相比见效快的便是 Google Adwords 广告，通常在关键词的右侧，通过竞价和点击付费的形式获取。显而易见的优势是见效快，比如今天投放的广告，通过审核后也许明天就能被目标客户看见。当然费用不可能无穷无尽地消耗，卖家可以选择每日投放上限来控制预算，亦可以选择目标客户的地区精准投放节约费用，劣势是一旦停止付费，互联网广告立刻消失，后面会详细说明。

（3）B2B 平台

除此之外，B2B 平台依然在为多数企业带来询盘，但尽量引流到企业官网再进行报价和回复才会更有意义，完全依赖平台本身询盘完成成交，难度将越来越大。因为在信息高度透明的平台上直接报价而产生的成交率是非常低的，并且在如此高密度供应商信息中去选择，成交率是越来越低，买家对你综合实力的了解也是非常有限的。建议是，如在 B2B 平台收到直接需要报价、却不留详细需求信息的垂询，可以回复去浏览公司网站，而公司的官方网站全面地展示了公司产品、品牌故事、客户评价，这样写实又有说服力，才是给买家报价、建立基础信任的前提条件。

B2B 平台确实是给新手卖家提供了方便，只需要添加图片和产品描述就可以发布信息等待询盘了。但是在高竞争性的平台上想要获取订单，则不仅仅需要简单的产品介绍，更需要公司实力的介绍等优势因素以便减少销售阻力，获得高质量的客户垂询。

（4）邮件营销

邮件营销是很多老外贸利用的外贸销售手段之一，但企业在邮件营销上越来越看不见成效了。其实邮件营销依然有效，只是发送量有了很大的变化，因为竞争加剧，越来越多的企业使用邮件营销，特别是新人，这也就使得买家的邮箱被来自中国的信息塞满，直接影响到转化成效。

不少企业还在每天手动地搜寻客户邮箱地址，手动每天发送二三十封邮件。殊不知，有些企业利用软件工具每天能发送五千封至一万封开发信，所以后者在效率上更胜一筹。

同时，更有效的邮件营销应该放在企业的官方网站上，例如在网站上放上邮件订阅入口，设置一些理由，如可以提供行业分析报告和产品更新列表等，让访问网站的潜在买家自愿地输入自己的 E－mail，这种在客户许可情况下的邮件营销，其效果是事半功倍的。

当然线上营销手段还有很多种，包括黄页、社交网络如 Facebook、Twitter、微博等。但是通过线上直接成交的客户并不多，所以线上线下双管齐下相辅相成才是未来的趋势。有实力的厂家，还是要多多参展或者去国外拜访客户联络感情等。

2. 线下营销的渠道

随着全球的展会越来越多，线下参展跟以前的成效相比也有很大的落差，展会现场下单的情况会越来越少。买家变得更加理性，需要比对更多的综合信息才下订单。企业对于展会的利用除为了获得订单，还可以通过展会吸引客户访问企业的官方网站，也就是我们再三提及的线下引到线上，同时要对展会前的过往客户、询盘过的潜在客户名单进行有效的整理。由线上推动线下参展，不能指望仅靠展会本身的客流，发送邮件给这些客户，带着目的当面交谈并带足样品等才是上策。

企业营销手段的转变是一个任重而道远的过程，如果你想做企业品牌，想持续长久地经营企业，都必须未雨绸缪。

从 2006 年开始，我的团队就开始帮企业做搜索引擎的自然排名和 Google 广告的投放执行，并且取得了非常好的成果。在 3~6 个月内为企业带来了每月五到十封高质量的垂询，成交率约为 20%。通过企业自己的线下联系促成了订单的成交，短时间内就收回了投资成本，并更放心地将 B2B 平台交给我的团队运营。我们作为外包服务商，最终交付的结果是询盘的数量，表现在成交上，为企业省下一笔人力投入费用和管理费用，毕竟业务员去学、去做推广远不如专业的推广团队，外包推广团队能提供更多高质量的询盘，再将接力棒交付给公司内部业务员拿下订单。

第四节　外贸整合营销的运用

外贸整合营销并不是一气呵成的，而更多需要稳扎稳打的基础建设与坚持。

关于团队运营推广成功的经验和失败的教训对我的警示是，外贸整合营销是不能同时达到每一项都完美的，企业基本都是看到阶段性的成果才敢投资更多的时间和资金。很多传统企业做外贸，以为很容易能上手，自聘电商人才在传统企业的环境下去做，做了一段时间成效不明显就离开了，损失的是电商人才和企业双方。

1. 外贸整合营销从外包做起

按我的经验来说，外贸整合营销建议一开始就从外包做起，除非你十分了解外贸整合营销，包括如何选择人才、胜任何种岗位、怎样分工、怎样做、有什么样的成果以及怎样考核等。

外贸整合营销并不是简单地将单一的外贸营销渠道进行拼凑，外贸整合营销从本质上是市场营销的系统建设，为公司带来稳定持久的买家询盘。只有做好市场才有可能拥有更大的主动权，从而选择高质量的订单和优质的买家。如果企业组织架构中没有市场部，没有专人对结果进行组织和监督，以短期成交为导向去做，即使有成交也不会持久。换言之，如果市场和销售不能良好配合，就不能达到"1 + 1 > 2"的营销成果。

2. 外贸整合营销有门槛儿

当然，我认为外贸整合营销还是有一定门槛儿的。例如，企业处于初创期，年贸易额低于 1000 万元，单一的外贸渠道购买还无力，对于电商是否能起作用还持有怀疑态度的企业，都不太适合一开始就走外贸整合营销的系统建设之路。

进行外贸整合营销的前提是，先要了解外贸整合营销并建立好自己企业的营销型站点，从一两个渠道的投资获得收益，逐步拓展到多渠道的营销。每年能有 50 万元以上的广告资金进行投资，有专人专职的推广才有可能进行整合。

外贸整合营销的过程更像是在拼积木，重点是建立营销型站点，整合其他单一的营销渠道并真正实现融会贯通。图 2 更能形象直观地展示外贸整合营销的精髓。

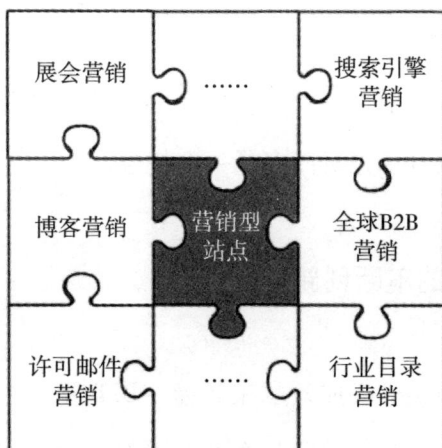

图 2　外贸整合营销的精髓

记得我在张家港时，当地的企业主就跟我说，他们的机械产品体积大且非常专业，电子商务对他们企业来说帮助一定不大，目前不需要。如今，内贸行业竞争非常激烈，应收账款账期冗长，内贸之路重重阻碍后才想起做外贸。对方在初步使用 B2B 平台并取得阶段性成果时，不禁感叹电子商务原来也可以带来生意。我服务过的普天机械在刚开始接触时，对我们还是持有怀疑态度的，反问我所做的 Google 推广是否比阿里巴巴更有名。我秉承着用成效说话的态度先从 Google 自然排名优化做起，颇有成果后开始做 Google 付费广告，成效显著时便将邮件营销的大权交给我的团队操作，果然不出所料，三个月内线上就带来了非常高质量的客户，线下参观了工厂后当即签下了第一笔 100 万元的订单，快速收回了网络营销的投资成本。

外贸赚钱的本质是信息的不对称性，利润才能最大化。在帮普天机械推广期间，其他同行还在做 B2B 平台时，Google 上的买家只找到了普天机械而没有找到其他相关企业，所以它获得了客户的优先拜访权。

在外贸整合营销中，如果你比竞争对手多一个渠道，或者早一步实行，就会因为抢占了先机而多了一个机会。

3. 营销渠道的不断创新

有很多企业抱怨推广成效越来越差，B2B 平台加大投入效果也越来越差，导致血本无归。原因是企业在营销渠道上没有创新，有越来越多的同行跻身到同质化的平台上，而企业又没有阶段性成果的量化统计，只对业绩管控而对业绩从哪里来、询价从哪里来缺乏考虑，更无法找到对策。只有站在市场营销的角度上，通过企业官网这个"24小时不下班的销售员"，才能获得更多垂询并提高业绩。经济全球化只会让需求越来越大，而客户因为找不到你，所以订单流失给同行竞争者，得商机者得天下。

公司的业绩由老客户的续单和新客户的订单组成。市场和营销在新客户开发和新业绩的增长上越发起到了决定性的作用。所以市场营销推广必须专人专职去负责，围绕着如何带来询盘数量和提高询盘质量努力。

我所服务的雅帝家居从原先的一个月几封的询盘到如今一个月几百封实现了质的飞跃，几乎所有的订单都来自互联网，通过线上认识线下成交互相推进。雅帝采用了专人负责B2B平台、专人维护公司网站、专人进行邮件营销等精细分工，并从长远角度考虑，不急不躁稳扎稳打，如今成功地打造了自己的品牌，并获得了最多的机会，促成行业内大买家过来看厂促成成交，而别人不做就没有这样的好运。

第五节　选择外包推广服务商

1. 将外贸营销推广一整块儿外包的好处

有些企业觉得复杂，在初期试图选择将外贸营销推广一整块儿外包给第三方服务公司，这是非常聪明的选择。外包不仅弥补了企业自身在专业知识上的不足，避免走弯路，更省时省力。有些公司因为招聘了非专业的外贸人员或推广人员，对公司的快速成长起了反作用，确实是得不偿失的。在自聘人员达不到专业的要求或者做不到想要的成果时，可以选择外包。待企业内部人员有了推广运营的经验，或者从技术的角度网站已经上正轨了，再由自己的人接手，核算成本时发现外包成本高于内部人员雇用成本，也可以选择自己运营外贸推广工作，唯一要学习的就是如何选择合适的外贸运营服务商。

2. 如何选择和管理外包服务商

优秀的外贸推广服务商首先要对询盘的数量和质量负责。优化B2B平台，1~3个月内投放完 Google 付费广告，3~6个月内优化完 Google 自然排名。外贸服务商需要在一个月内熟悉企业的产品，并了解同行所投放的关键词，从而优化企业网站使得排名靠前。

选择外包服务商首先要看他的胜任能力，并不是选态度好愿意帮你做的，而是选有外贸服务推广成功案例的，最好有同行业的成功案例。切记不要用国内推广经验丰富的企业来做海外推广，因为海外推广和中国中文网站推广是完全不同的概念。虽然同属网络营销，甚至做网络零售推广和网络大宗贸易推广都是不同的，因为在关键词的选择上两种贸易形态的差异甚大，技术服务人员的经验也会有所不同。

有条件的企业还是要进行实地考察，去第三方服务公司确认公司规模和当下正在服务的客户数，从而确认对方是否能倾尽全力为你提供个性化服务。在做服务前，要和对方的技术操作人员进行沟通，而非只听信销售人员的一面之词。

签订服务协议前，一定要确定服务要求以及结果。尽量细化和具体化对效果的定义，秉承着"先小人后君子"的态度，例如规定询盘量，排名具体到哪些关键词。宁愿一开始多花些时间讨论细节执行条款，甚至可以付基础的费用并给出 1~3 个月的磨合期，在相互了解后制定指标按指标付费也未尝不可。企业需要保证自己的利益，甚至可以提出达不到指标退款或按比例退款等要求，追求对双方利益的共同保障。企业可以在总体费用上多付一些，让对方把你当贵宾区别对待。

选择服务商时，不能一味地图便宜，胜任能力和专业度更重要。这个跟阿里这类平台不同，主要靠人的认真负责。有经验的服务商会带着你少走弯路，认真负责，而其他的可能只是口头承诺，但实际上不会认真负责地为你提供服务。

我将这些经验分享给大家，希望大家在短时间内都能取得成效，少交学费，少走弯路。

第四章
实地取客，面面俱到
——外贸整合营销之展会营销

展会营销属于外贸营销方式当中不可或缺的线下工具之一，也是早期外贸营销最重要的推广工具。即使当今互联网当道，展会营销的地位也不可撼动，是直接获取客户的最重要的平台之一。

有很多传统参展的企业觉得现今的展会效果大不如前，获得不了所期望的结果。其实，参展的效果因人而异。对此，本章主要针对展会营销提出我的看法，并且探讨展会成效不好的原因以及如何提升展会效果。

第一节　选择适合你的展会

如今展会的形式多种多样，如何选择适合你的展会，首先要明确展会有哪些分类。展会可以按照出展内容、时间、性质、规模等分成很多种。针对外贸行业对于展会的选择来说，内容和性质上的分类对参展商尤为重要。

1. 展会的分类

（1）按照展会的内容

按照展会的内容，展会分为专业性展会和综合性展会。专业性展会是展示某一行业甚至某一类产品的展览会，具有专业性，如服装展、电子产品展、鞋帽展、运动器材展、医用器材展。在专业性展会上，不论是参展商还是客户，其目的性都相对明确。因为大规模的同类参展商家竞争相对激烈，数量也比较多，所以组织难度也比较大。在中国范围内，做得最好的应该属机械设备展了，在 7 月上海浦东举办的"孕婴童"展是做得比较好的专业展会。

综合性展会是指全行业或者是数个行业集合的展览会。在综合性展会上，参展商家多而杂乱，相比专业性展会来说，其专业性相对差一些，综合性展会有比如工业展、轻工业展等。

（2）按照展会的性质

针对展会的性质可以大致分为 B2B 展会和 B2C 展会。B2C 展会可以定义为展会组织面向小额批发商和个人消费者而不是大宗买家开展的；B2B 展会是为了供需双方都是企业对企业的展会。

2. 展会的选择

展会的选择因人而异，重要的是对展会前的评估。专业性展会与综合性展会没有绝对的高下，适合自己企业的，才是最好的。关于专业展会的评估，总结了如下几点。

第一，组织者。选择某一展会首先要了解展会的组织者，看他过去有什么成功的组织经验和能力。

第二，出展地点及其国情。首先要确定其近期国情稳定，其次要考虑参展国在你所处行业中的地位，比如行业历史是否久远、世界影响力如何以及规模大小。

第三，展会期数与过往举办情况。有成功举办过的展会已经具备了初步的市场和名声，通过过往的举办情况、参展商数量、客户数量与质量评估展会的效力。

第四，展位的数量。尤其是专业性展会的展位数量直接决定了竞争对手的数量，而了解综合性的展会中竞争者的展位数量，也有利于企业定夺该展会是否有参加价值。

第五，组织者和展出地的关系。例如展会是中国人组织的，仅仅是借用了国外的地点或者商务平台进行展会活动，一般情况下是不建议企业参加的。

第六，展出地对产品的需求。这点不是绝对的，但是也要加入评估，原因是，如果当地人对出展品的需求少，不一定会有其他国家的人能飞过来参加该展会，导致客户数量偏少。

第七，展出地的地理环境。比如波兰，这个国家的消费水平虽然不高，但是确是北欧、东欧国家的纽带，在欧洲市场内交通方便，成为打开欧洲市场非常好的切入口，诸如此类的国家还有荷兰等。对于那些地理位置偏僻且没有邻国的国家，企业在参展前需要慎重考虑。对于欧美国家的内陆地区也可以纳入考虑范围，有时候内陆的展览也会收到意想不到的成效。

第八，展出地是否有老客户。退一步说，如果没有开发到新客户，是否能够去拜访老客户等。

第九，参展的费用。需要考虑到场地布置费用、人员费用和展会本身的费用等。多项权衡预估投入和预计产出，尤其是对前期资金不足的企业来说，费用变得尤为重要。

总体来说，参展有利有弊，有的企业认为效果非常好能有直接成交，有的的企业认为虽然展会上咨询的客户较多且显示出浓厚的兴趣，但很多客户最后并没有真正地下订单，原因也多种多样，例如技术能力、生产能力不够等。合理看待展会，把展会当作一次营销活动，做好整体策划。

第二节　参展前的准备工作

参展前要做好物质准备和精神准备。所谓物质准备就是企业的宣传资料，包括公司的产品样品、宣传手册、宣传光碟、参展人员名片、布展工具（海报、横幅、装饰品等）及客户礼品等；精神准备就是做好参展的重视工作。

1. 展位的预订

展会展位的预定一般是通过专业的展会公司。展位尽量选择在人流量多的位置，人流量多的位置时常在入口附近和主通道上。四开口、三开口、双开口（角摊）人流量均大于单开口，市口位置对展会本身效果的影响是关键的，建议在参加完展会之后就提前预订下一届的。

2. 展位的布置

补救不理想展位的方法主要就是展位的布置了，对于标准展位的企业，如果时间紧迫的话，建议直接租用现成的拼接展架，秉承着专业、整洁中带着企业特色的原则；特装站台，有条件的客户可以选择专门的布展公司，秉承专业的事儿交给专业的人去做的原则。

3. 参展所需样品

参展样品对于展会的成功与否也起着重要的作用，参展所需样品必须根据目标市场和客户需求来决定，初次参展不清楚市场偏好的企业就尽量带不同规格的样品。小尺寸的样品可以随人员托运带至目的地；大尺寸的样品则需要计算好时间提前托运，以免耽误展会。宣传资料、人员名片、客户小礼品等数量酌情定夺，宁多毋少。另外也可以带一些印有公司徽标和网址的手提袋放置材料，客户拎着参展也是对企业的另一种宣传方式。

4. 参展者的筛选

参展者作为参展主体需要谨慎筛选，这直接影响展会的成果转化。建议是以老带新、新老搭配的组合。一方面，老员工应变能力强、经验丰富、了解企业产品；另一方面，带新员工开阔视野，多多实战练习会使新员工成长得更快，也为企业培养了后继人才。参展者着装应统一，或至少体现专业性。

第三节　获得最佳参展效果的九个方法

外贸越来越难做，只有极少数的参展商可以在第一次参展中就获得成功，大多数企业都是在学会了正确的经营方式和不断的参展摸索中逐步走向成功的。

1. 了解目标市场

企业工作人员需要自行了解目标市场，也可以向展会公司咨询。不少展会公司在展会开展前会举办主题讲座普及市场信息。每家公司应该安排不少于 2 名熟悉业务的工作人员代表公司到会参展，而其中至少有一名具有较好的英文沟通能力，以便协助公司在展会上获得最大的参展利益。

2. 研究目标市场

在展会期间，建议至少一名公司业务代表留守展位以接待所有到访的客人，收集买家的名片并加以归类统计。同时安排一名公司代表出席有帮助意义的主题讲座，观察整体展会，发现同类产品的流行热点，总结其他的参展客商的成功原因。

3. 创建目标客户

当您在展会现场发现了目标客户或潜在客户时，可以把他们的名字写在提前准备的本子上并尽可能地要到他们的名片或联系方式。

4. 早定参展计划

尽早联系展会公司或者是自己定好展位，只有早日确定参展时间才能更好地做展前规划和准备工作，为取得成功打下基础。

5. 精备宣传资料

公司的宣传资料可以以小册子或卡片的形式出现，上面要包含公司的信息以及相关图片，因为图片是最通俗易懂的国际语言。信息的介绍体现"精""要"的特点，同时要涵盖你公司的产品报价、交货方式及周期、公司或工厂的简要介绍及图片介绍。在介绍的时候需要考虑的是，假设你是美国买家，凭什么会选择你们而不是别家企业，如果你的资料能在这种思考的前提下去制作，才有可能打动真实的美国买家。宣传资料将是你在展会上获得成功的重要工具。

6. 精备参展样品

准备好你认为是可以代表公司最佳生产水平的样品，设计好展会期间展品的摆放方式，注重简洁、大方、专业，同时在样品上悬挂或粘贴专业的样品注释标签，简单明了地标注产品的参考编号、交货期、交货地及其他相关交货细节信息。买家都喜欢与专业、有组织的参展企业合作。

7. 善用展会作为自己公司市场推广的好帮手

珍惜展会前几个星期的宣传期，尽早将制作精良的宣传资料（展品图片、产品宣传册或单页宣传函）准备好，参展时托运过去或者提前寄送至合适的地点，询问展会公司能否统一寄送等。

8. 尽早开展展前推广活动

企业可以在展前主动通过 E-mail、网站链接、电话，甚至是登门邀请等方式邀请目标客户到展会上与您进行面对面的商洽。

9. 尽早到参展国做准备

及早抵达参展国，这样便能在参展前有充裕的休息时间。有空可以在参展国各个有代表性的商场，做展前市场调查，适当购买必要的样品。你会由此得知市场上目前最新的产品及最流行的款式；你会感叹市场趋势的变化；还能由此了解到目前市场的主要进货国及其销售均价等信息。如果条件允许，约上你的重要客户一起用餐或喝东西等。尽早休息，以最佳的状态来迎接之后的参展工作。

这都是我们服务企业的经验之谈，如果你认真执行了以上几点建议，相信你的企业会很快地得到进步与成功。与其简单地订个展位然后到时参加，不如认真执行以上几点建议尽全力在展会上取得成功。静下来问问自己：我是否渴望成功，我是否做了所有该做的，是否已让公司以最好的面貌迎接挑战？

第四节　如何评估和提高展会的成效

1. 评估展会效果的方法

对于很多的出口企业来说，参展后一个月之内是否有订单是评估展会是否有效的方法之一。但从外贸营销的角度上来说，展会是线上营销推动线下营销的必然结果，是相辅相成的。通过线下参展宣传，推动更多客户了解企业信息，回去之后通过线上联系。因此，对展会的效果评估就不仅仅停留在获取订单的层面上了，更多的是评估获取了多少信息的曝光、有效客户的名单、是否对有效客户进行了管理和跟踪、从长期角度上来说是否下了单、线下的客户是否成功转为线上客户、是否订阅并关注了企业的网站或是博客等。

展会结束后，很多企业不重视名片的统计、收集以及建档，只对展会当下的需求进行跟进，不重视客户的二次营销，所以每次参展只能衡量它的短期效益，即投了多少钱当下有没有订单、是否赚了钱。如果眼下没有赢利就决定不继续参加展会了，只是觉得展会效果不好，但手上并没有量化的数据来反映出展会的成效，从而也无法进一步发现到底是哪个环节出了问题。

老外贸都有相应的经验，例如展位的曝光量和客流量高才能使更多客户留下名片，有一定量的有效名片在一定程度上才能促成订单的转化。

2. 提高曝光量和客流量

那么如何才能在展会上提高曝光量和客流量呢？这就建议企业必须花更多的时间和精力选择好的展位，选择市口好的位置而不是碰运气的随机选择，在展位的布置上也要有亮点能吸引客户的眼球。那么怎么才能提高到访客户的转化率，使他们留下名片呢？企业可以设定一些有意思的环节，如只要客户留下名片、填好信息，就赠送礼品或小的样品等。

在每次参展之后的量化、数据化统计是非常重要的。通过进一步的跟单、是否成单、多久成单等因素去评估这次展会是否有成效。总结并归纳经验，在下次参展时避免误区，提高成效。

能高效提高曝光率和客流量的方式还有通过线上互联网营销推动线下展会营销。如果买家有目的性地来访，线上有联络的买家带着对企业的了解、信任和目的来了展会，而我方为他带上客户所需的样品，也会促使展会更有效。所以有公司坦言参加展会的成效还是很大的，而有些公司却抱怨展会带不来收益，这就是典型的相同的平台，不同的营销手段造成的不同结果。

在参展前，企业可以查阅该地区已成交和潜在客户的名单，通过展会做一个事件营销。比如发送相应的信件，在信件里说明摊位号并承诺携带样品、新的服务来吸引客户，激发客户到展位进行面对面的交流，剩余的客户则引流到企业的官方网站进一步激发兴趣，获取邮箱地址为以后做邮件营销做铺垫等。目前已有很多公司进行了类似的线上线下营销的互相转化，成效良好。

以我服务过的企业的失败的教训和成功的经验来说，越来越多的企业不会局限于单一的线上营销或是线下营销了，把线上、线下营销相结合才是大势所趋。对于展会营销也要有更理性的理解，不仅仅局限于展会上的成单率，而是要从长远的角度来评估展会所带来的连续营销的效力。

第五节　展会营销的发展方向

大部分觉得展会效果不好的企业都是历年来多次参加展会的企业。2005年是一个分水岭，在2005年以前，不少企业可以从展会上直接获得订单，但是在2005年以后伴随着越来越多的企业做外贸和越来越多更细分的行业内的展会的举办，展会的直接转化效力在大幅度下降。

1. 参展动机的改变

其实可以简单地将线下的参展理解成是一种广告形式，随着信息越来越透明，买家在市场上处于越来越有利的地位。买家在选择供应商时会越来越趋向理性，所以在展会上只是走马观花地收集供应商的资料，在参展之后再做相应的判断。另外有些买家的初衷就是看看是否有新产品问世，是否有新供应商出现，而非择一供应商下单。

由此判断，在展会越来越多，参展商越来越多的情况下，企业参展的成效越来越差是一种常态和必然趋势。传统企业参展的期望值从原先的参展就是为了拿订单转变成参展只是一种市场营销行为，更多的是为了树立企业形象，通过线下获得更多有效客户的关注，通过线上完成有意向客户的跟进和转化。

　　事实上，那些愿意花时间、精力、金钱不远千里来到展会的买家，还是比在一些 B2B 平台上随意群发询盘的买家的质量要高得多。

2. 参展的效果和未来趋势

　　我曾经走访过很多客户，并发现很多企业并不愿意花这些时间经费等去外地乃至国外参加展会的。相比较那些经常参加展会的企业来说，他们在这个营销方式上所花的精力要多得多。但是我认为，展会的效果以后也还是会有的，参展的供应商比不参展的供应商多一个渠道获得相对优质的客户也是肯定的，只是短期内转换效率低下使得不少企业收不回展会投资成本的也不在少数。

第五章
利用支点，撬动地球
——外贸整合营销之B2B营销

卖给全世界
外贸整合营销实战攻略

如何去测试选择适合自己公司的 B2B 平台，一直困扰着若干企业。关于电商的 B2B 的运营策略，哪些是有效的值得我们投资时间、精力以及资金的，而哪些又是不值得？怎样通过 B2B 为你带来相应的收效？如何衡量和选择免费和付费的 B2B 网站？如何去提高这个平台询盘的数量和质量？希望通过本章节给大家一个较为清晰明确的方向。

第一节　B2B 电子商务的本质是什么

1. 电子商务对于大宗贸易的价值

先对电子商务做一个简单的剖析，希望能启发还没有从网络端受益的你，理解电子商务对于大宗贸易的价值。商务是什么，就是你的产品，你的传统生意，在这一部分，一直没有什么大的改变，只是竞争加剧了，客户被分流了，利润减少了；而电子是新东西，是这类产品信息传播的方式，需要借助网络这种手段把这类信息传播出去。未来因为信息的传播，个人消费者日常用的消费品的中间环节必然会被革命掉，就好像现在传统生意会受到网络的冲击一样，所以传统企业面临的挑战是明确自己的定位——信息要给谁看？在什么地方传播他们会看到？传播什么内容的信息会让他们获得信任并采取行动来联系你？

2. 如何实现商务电子化

如何实现商务电子化？如你想要出租房子，房子的信息以前是要通过传统的广告去找需要房子的人，现在很多人都是在网上找到了房源信息，线下再去看房成交。外国企业也习惯通过邮件、博客、搜索引擎及 B2B 广告等网络渠道去寻找产品信息和供应商信息。因此作为卖家的你则需要考虑：买家可以通过哪些渠道找到你的信息；信息是否让他觉得值得信赖；有没有表现得比别人好……

作为出口企业，好的营销表现就是能够把自己的信息通过多个渠道传播出去，通过线下的方式来促成成交。所以，在整个大环境下所有企业都在传播信息时，你需要做到传播的独特性和有效性。

电子商务其实就是手段，目的就是通过传播的方式跟更多买家互动，它跟你的传统生意，参加展会的性质实际上是一样的，就是营销的手段。国际贸易 B2B 生意的电子商务本质是网上虚拟商场，当企业自己不懂得如何开独立门店，如何推广自己的独立店铺时，更多需要依赖有客流量的商场先把生意做起来。所以电子商务并没有太复杂，让客户找到你、了解你、信任你并选择你就是现在电商需要做的。

很多企业认为像阿里巴巴、Made in China（中国制造商，一个面向全球提供中国产品信息的综合性电子商务网站）等 B2B 平台是海外营销渠道的全部，是传递企业信息的唯一渠道。其实事实并非如此。企业在新客户开发方面没有更多的出路和解决方案，便一口咬定外贸难做于是放弃了，没理解和找到这里面的规律很是可惜。

我在过去的十多年当中发现，在企业中从事不同工作的人一定要学不一样的东西。传统企业转型做外贸，企业的老板和管理者像个电子商务专员一样去研究和执行具体的细节，这是一种大材小用。老板要学老板应该学的，市面上没有针对老板的辅导和帮助是我出第一本书以及研发外贸黄埔军校品牌课程的初衷。

众所周知，适合别人的不一定适合自己，就好像今天拿了一张藏宝图，如果我们不知道我们的位置在哪里，即使藏宝图里非常清晰地写明了宝藏的位置，我们还是没有办法找到宝藏。

同样地，如果老板们了解如何去培训外贸人员、如何进行电子商务人员的考核、如何去评估我们一年下来这些投资的成效和成果，将会事半功倍。反之，投资将会是低回报，甚至是没有回报的。

另外，运营好一个出效益的站点，在关键词的选择上，好多新入行的外销人员都不了解这个部分，如果方向错了，那么后面的推广只能是耽误时间。不了解行业，就不能很好地选择关键词。作为企业老板，方向性的管控是老板要关心的，所以这个需要身为老板的你来学习。

第二节　如何选择有效的 B2B 平台

众所周知，全球大概有四五千个电商 B2B 平台。你如果经常在网上搜索，会对这些行业平台有一些了解。那么有很多外贸人员就直接在这些平台上进行相应的信息发布，但是通过一段时间之后会发现，绝大部分的平台都没有效果。业务员们因此也产生了放弃的念头，觉得在平台上发布信息是无效的，这其实也是以偏概全的想法。

那么怎么样去衡量那些免费或者付费的 B2B 平台到底是不是值得我们投入时间和精力呢？我身边有很多挑选平台失败的案例，例如有朋友告诉我，某某公司跟我讲他们在行业当中非常的专业，是行业当中最专业的平台。所以他们就花了钱在上边买广告，买了一年下来，连一封询盘都没有，所以现在挺后悔，在当初选择这个平台的过程当中，不知道如何去评估，损失了自己有限的资金和宝贵时间。那么，我们应该怎么做才能少走弯路呢？

1. 最简单的测试工具

测试要有工具，教给大家最简单的工具就是 Alexa（一家专门发布网站世界排名的网站）。Alexa 这个平台可以测试出全球网站的排名。它排名的规则是网站访问量高排名靠前，使用起来也非常方便。只要打开这个网址，输入我们想要测试的网站，不管是你自己的网站还是今天要购买的 B2B 平台，把网址输进去就会知道它的访问量的排名。

常见的国内的 B2B 平台如阿里巴巴排名大约在 100 名以内（如图 3 所示），环球资源（Global Sources）在 5000 ~ 6000 名（如图 4 所示）。这样的话我们就能清楚地了解该平台是否有客流量，到底有没有名气。量化的数据还能反映出哪些市场的客人访问值最多、搜索这个网站最多。我们自己的企业网站也可以用这个工具看一下到底有没有客流量。有很多企业的网站是没有人访问的，搜索出来是没有数据的。

有些朋友问我，搜出来的结果有没有一个量化的参考标准呢？如果是一个免费的平台，它的全球排名在 50 万名以后就不值得你在上面花时间发布信息了，甚至可以说没有进入 50 万名以内就可以证明这个

站点 *alibaba.com* 的全球网站排名查询结果						
当日排名	排名变化趋势	一周平均排名	排名变化趋势	一月平均排名	排名变化趋势	三月平均排名
73	⬇4	67	⬆6	73	⬇4	70
排名变化趋势						
⬆5						

图 3 阿里巴巴网站的搜索结果

站点 *globalsources.com* 的全球网站排名查询结果						
当日排名	排名变化趋势	一周平均排名	排名变化趋势	一月平均排名	排名变化趋势	三月平均排名
5865	⬇1535	5238	⬆1017	6028	⬆128	5554
排名变化趋势						
⬇289						

图 4 环球资源网站的搜索结果

平台没有人气，在上面发布的信息能被有效客户看到的概率非常小，更何况 B2B 平台有很多细节的分类，就好像一个大的综合性的卖场，每一个分类都会有客人的分流，所以分流到每个关键字的客流量可想而知。所以我们不必在这些免费平台上发布信息。

那付费的平台呢？付费平台给大家一个参考标准：在 5 万名以后的平台上付费买广告位、排名靠前的位置基本上都没有价值，特别是选择关键词那种，即使排在摊位的最前面也意义不大。在投放平台广告、发布信息之前，也要尽量节约时间，多找一些排名 5 万以内的平台，多去调研和衡量哪些平台是值得我们去发布信息的，而不是在任意平台上盲目发布信息。

2. 发布信息是否有效取决于同行

很多案例说，找到这个平台了，也评估过了，访问量也还可以，值得免费发布信息，那么在这个上面发布的信息会不会有效，则取决于同行。也就是说，这个平台有多少个同行跟你竞争。有很多时候我们在一个平台上面付了费却达不到预期的效果，主要是因为太多的公司跟我们竞争。可以用自己的产品关键词在上面搜一下看看到底有多少家公司，检索出多少个产品信息。先要了解如果我在这个平台上发布了信息会排在什么位置，如果我购买了这个平台的广告大致会在什么位置被展示。信息在平台上被搜索到，在前面被看到是获得询盘的基础。

有很多公司觉得现在才开始购买 B2B 平台，其效果非常差，那是因为同行太多。例如在义乌大市场上，三五年前租个摊位还能赚些钱，但现在你作为一个新入行的供应商，在这个平台上已经没有多少机遇了，而且很难赚到钱。同理，发布信息之前要看一看在这个关键词下有没有可能被搜索到，如果找不到，那么就很难得到询盘了。很多公司使用 B2B 平台都是凭对方销售员的介绍吹捧，没做评估就买了，导致决策错误。

3. 平台的行业特性

有一些平台上的同行比较少，但同行少的平台就一定可以买吗？其实很多平台有行业特性，比方这个平台上只适合做五金，其他产品没有多少人去做，看起来它既做五金又做服饰，但是有行业优势的区隔，还有地域性的区隔，有的市场上买家不知道跨地区的平台。我们耳听为虚眼见为实，去核实这些说法，调研买家的信息去作为第三个评估平台的方法。看一看买家是不是有求购信息，从买方市场来讲，如果直接搜不到所需产品的信息，就很有可能自己去发布信息，还需注意求购信息的时间是否为最近。

因为常常没有询盘，有些公司会考虑投资付费广告。在同行很少的情况下，这是最大的机遇。然而求购信息讲究的是时效性，通过观察求购询盘的发布时间来评断这个平台在供应商比较少、同行付费比较少的情况下是否有价值。

我服务过的一家做机械的企业告诉我说，他发现环球资源上的同行非常少，只有两三家，然后他就去做了。我问他，你是否问过环球资源的人，最近买家有没有需求信息给到同行，询盘每个月大概有多少，如果没有，那么就说明这个平台不适合你的产品做推广。同行那么少，有机会的话也可以打打同行的电话，问问他们在上边做的情况。有不少企业怕打这个电话，宁愿花几万块钱做广告费，也不去做同行的调研。你可以用"不是共同产品"或者"上下游产品"的名义来问问他。做了此类的调研，对公司来说就减少了这方面的浪费。

不管是免费推广还是付费推广，我们的选择最重要。如果选择错了，那么后面所花费的时间、精力和资金都是浪费的。很多公司就是因为在错误的时间选择了错误的平台，才导致自己企业的新客户开发一蹶不振。很多外贸人就是因为免费信息到处乱发，发了以后也不知道哪一个有效，哪一个无效，没有把时间、精力聚焦在那些能出成果的平台上，导致出成果的平台没有继续更新维护，有时发了好多平台但三个月之后没有这个热情了，因为没有垂询或垂询相对比较少，付出相对比较多，其核心的原因是前期的调研和选择出了问题。

第三节　B2B 平台的使用窍门

当下很多公司的普遍现象是都买了国内知名的三大 B2B 平台（阿里巴巴，环球资源，Made in China），但是，有些企业是赚钱的，有的企业做了以后像鸡肋一样。不做又没有新询盘没有客户，做了那个成本都很高但是客户质量却不是很高，导致了很多企业陷入了两难之中。

如果五年前你去用平台，靠单方面询价，直接对客人报价，因为同行比较少，所以你确实拥有比较大的直接在线成交的机会。但现在，从客户成交的角度来讲，更多地要考虑如何让客户了解你，认知到公司的价值，记住你公司的网址。如果单靠平台这个橱窗式的展示，是无法让客人在有限的时间内选择你并且意识到你的价值的。

举个例子，到淘宝里面去试试看，你要找产品的时候，是否会对某一家公司的产品留下非常深的印象。我们今天作为买家在淘宝店逛的时候，也浏览过其他很多的网店，其中一些是一晃而过，看不到三五秒钟，所以我们对于每家公司几乎都没什么了解。我们可能会因为价格或是图片设计等原因选出三到五家来做进一步的了解，剩下的那些企业就失去了竞争的机会。如果我们群发了一些询价，那些给我们回复的企业也未必能让我们印象深刻。

那么，怎样有效地使用 B2B 平台呢？

1. 把客人引到公司的网站上面

使用 B2B 平台的第一观点是有关引流，也就是说怎么把这些客人在回复第一次报价的时候就把客人引到公司的网站上面，让客人记住我们自己的网址，这会带给我们下一次可能的合作机会。

但是如果客人不记得你的网址，曾经向你询过一次价后就流失掉了，那就错失过了未来可能成交的机会。所以我们要把客人引到我们自己的网站上面，利用好B2B平台现在比较大的客流量，比我们自己网站高的知名度和影响力，把这上面的潜在客户全部都引入到我们自己的门面店来，将"店中店"的客人更好地去做转换。

2. 把引流的客户资料建档

通过B2B平台积攒客人，不光要引流到自己的网站上，还要把这些客户的资料建档。将B2B平台上的询盘整理好的第一手数据有效地管理起来，这就是客户的"鱼塘"。有了这个鱼塘，将来要想发掘合作客户，就从这鱼塘中钓鱼就可以了，告诉客户跟你做生意的好处。

3. B2B广告的推广效果

买家不是科学家，买家也是人。作为一个买家不可能把每一个产品的价格、细节都问到。他除了对价格关注同时在找寻中也有时间成本，这就是为什么他愿意用B2B平台的原因，在较短时间内就能在上面获得更多的选择，所以买家大都是通过你的图片、产品描述以及定时更新来做初期判断的。

我建议企业从原来的粗放型管理要换位思考在平台内，是如何检索到你的，用了哪些关键词，记录下来我们在站内的位置和排名。如果有专人负责，就要每周反馈排名情况。只有通过监控有搜索量的词汇的排名位置，才能更好地保障有更多的客户找到你，否则 B2B 广告的效果只能看天吃饭，询盘数量越来越少，最终成交越来越少。

4. 产品图片和文字介绍

很多公司没意识到图片和描述的质量会直接影响产品的浏览量。试问你在淘宝上逛店的时候，我们的第一印象会决定是否愿意深入地看这个产品乃至这个商店更详细的资料。当然我们今天的 B2B 平台也是一样的道理。买家检索并浏览产品时，图片处理的好坏就直接决定了客人对你的印象。坏印象一旦形成，就算花钱做广告，也得不到询盘更不要提报价的机会，你所花费的投资全是没有回报的。

在 2000 年的时候，香港、台湾、南京的贸易公司都是通过拿国内的工厂的产品来转卖，赚取中间的差价。他们之所以可以被买家找到，一方面是因为沟通顺畅，即传统的业务能力强，另一方面是他们懂得如何去包装，产品拍摄和图片处理就是你产品包装最前沿、最重要的东西。买家不是科学家，他需要用直观的方式来判断供应商的信息。对于同样的产品和公司，有多年海外经历的人更懂得塑造价值，所以很多有品牌意识的企业已经开始从小处入手，把图片做抠图处理以及加上自己的模板水印，防止同行盗窃。

如果说图片、文字和视频是买家了解和接触供应商的第一关，会给买家留下第一印象，这直接影响那些有需求的潜在买家是否选择，那么今天很多出口企业在对外宣传上不合格，也是不重视的。大多数企业的介绍还是停留在信息匮乏的年代，以为只是通过产品本身的介绍和规格描述，从宣传册、网站、B2B 平台都反映出这一共性的问题，以为做了广告就能吸引来生意。其实站在买家的角度看，如果大家都写了很多的产品介绍，他根本无法分辨出谁好谁坏，而细节能展现出除产品以外的供应实力和专业能力的企业取胜，获得最多的询盘机会。即使他实际上可能没有你有实力，可是市场更垂青于会做营销的企业，这一部分的资料包括你和竞争对手之间的区别、客户评价案例、资质证书、企业工厂设备、人员团队等，因此同质化的产品介绍带来低价竞争在所难免。

很多公司假定认为，或者说没有意识到买家不可能从你的第一张产品图片一直看到最后一张图片，包括看完你的联系方式以及打开你所有的网站。所以这个时候每一个产品图片及描述都有可能是客人进来的第一入口，也可能是离开的出口。一些小型贸易公司，可能和厂家生产相比，价格上没有那么大的优势，但是你的贸易专业知识和服务质量是否高于生产厂家？将所有你能提供的服务和做得到的事情都写出来，相信写出来和不写出来的效果是完全不一样的。

很多公司说我通过了一些质量认证，便在企业网站上专门建立一个认证栏目，但是客人看你的网站可能就像逛店铺一样，随机地就抓几个产品，那么产品介绍上信息的全面性显得格外重要。如果外国人在产品信息上没有看到第三方认证，有可能就直接离开了页面，而那些按照淘宝店铺装修标准去塑造企业价值和服务价值的，则能获得更多的访客和询盘。

有的企业抱怨客户给的价格低，其实原因很简单，你只介绍了你的产品，并没有给出你要比别人贵的理由，并没有说明你能提供的服务是什么。你可能并没有说明在这个过程当中你服务过哪些地区的买家等。当你使客户感觉到你的独一无二不可替代时，价格就变得不那么敏感了。

有很多企业已经花了一百万元去买了广告，但是没有核算过投资和回报。有的 B2B 平台推送的买家信息也是系统自动匹配的，并不是买家主动搜取的。首先我们要确定，投放了广告之后是否能搜到自己，能搜到才能谈客户打开网页去了解你的概率。在买关键词排位的时候，也要评估增加一个关键词排位是否能够帮助我提升有效询盘。如果是付费广告的效果更好，那可以去做；如果是我自己免费的信息更新能让我的询盘数量多，那免费的又有成效的事情何乐而不为呢？

现状是：绝大部分公司不重视这个排位。产品关键词是搜索引擎自然排序优化的关键所在，产品描述里面是否找准关键词，是否选对关键词都会影响搜索结果。你不妨在编辑完关键词之后自己去搜索试试。当然你也可以评估一下，投入的成本是否和直观的、长期的利益效果呈正比，这个由你自己做决定。

我们现在如果说广告的一半是浪费，是否能在做广告的时候变得精打细算，不断地去优化我们有效的广告渠道，追加在有效的广告上面的投资，从而降低在无效广告方面的运用，能够通过网络去带来更多的商业机会，是能够轻松地赚到钱的关键所在。

对于同一个 B2B 平台，不同的人使用的效果也不尽相同，没有订单的卖家也不能了解在 B2B 平台上获得大量订单的卖家心中的狂喜。俗话说：态度决定一切。重视电子商务的企业会与不重视电子商务的企业慢慢拉开距离，产生不同的效果，其中主要的差别是在应用的方法和策略上。

在强大的比价效应下，就算每周有几十封询盘，其转化效率也是非常低下的。广东有一家做圣诞礼品的贸易企业，只做了短短的半年时间，每个月却能达到上千封的询盘。通过我的走访发现，该企业时刻监控在圣诞礼品行业的买家搜索词汇以及自己的产品与竞争者产品的排名。在他们关注的圣诞礼品关键词中确保自己排在搜索结果的第一页，排不上第一页的关键词都将之删除，尽可能用最低的成本和平台的排名规则，不用点击付费的广告也能展示在最前面，稳妥地做到让客户找到他。不仅如此，该企业的创始人非常重视通过第三方平台引入客户，在应用阿里巴巴的过程中，非常注重橱窗的装修，并在产品页面添加真实案例、客户评价、施工案例，还将客户关心的常见问题如物流、样品、付款方式都整理出来放在网页上，从吸引客户和询盘转化率的角度来说，大大超过了同行，真正做到了使客户信任他。所以 B2B 平台对于在初创期企业具有很重要的作用。

第四节　运营 B2B 平台的一些注意事项

1. 哪个 B2B 平台好

很多人会问哪个 B2B 平台好，什么样的产品做什么平台好，其实没有绝对的好与不好的问题。知名的平台不等于有效果的平台，所以只有适合的平台，没有万能的平台。

教会大家要用一些实用的工具比如 Alexa 去评估一下它的访问量，用同行的搜索结果来评估一下竞争情况，用买家的求购信息来评估一下到底存不存在买方市场。任何平台的销售员都会说自己的 B2B 平台是最有效的，不是吗？有的平台在国内的销售能力非常强，但是在国外的宣传做得是非常少的。为了避免无效投资，我们只能在选择平台的时候进行理性的评估。

2. 提升转化率

企业需要考虑如何能在平台上面加上一些联系方式如邮箱和公司网址，从而提升转化率，提高客人直接联系到我们的可能性。在图片上加上网址水印一方面可以制止同行盗图的行为；另一方面就算中间商发了图片给客户，客户也会有可能直接联系到你向你询价。

3. 一定要开自己的网站

从中长期考虑，企业一定要建立自己的网站，网站必将成为绝大部分出口企业的必需品，成为自己企业对外介绍自己的一个窗口。B2B平台"店中店"的这种模式只能让客人知道我是在卖什么，但是更要让客人知道我的优势在哪里，我跟竞争对手的区别是什么，建议将这些内容放在自己的企业站点上让客户做进一步的了解。而且客人在浏览我们企业站点的时候没有那么大的"比较"效应，我们得到的询盘的质量会相对较好。从中长期的方向来看，企业要推广自己的网址，短期内可以借B2B平台提升客流量，而不是一味地去推广第三方的B2B平台。

有很多企业在自己的网站上面写上B2B平台的网址，这样只会加速行业的透明度，让生意更难成单，所以广告这个部分我们要借杠杆力，借力别人的平台给我们自己的网站带来更多的机会，而不是在宣传册、网站上宣传这些平台，把传统买家推向B2B平台。

希望本章内容能给大家带来一些新的观点和思路，这跟认为平台买了就没办法改变，用了我们就听天由命是完全不一样的。我们需要时刻反思一下，为什么有很多企业投 B2B 平台觉得没有效果，除了产品的问题，除了业务员跟进的问题以外，是否在使用技巧方面还在用五六年前的方法。相信大家学以致用，然后实践，就会掌握这些技巧并成为你自己的经验。

第六章
自立门户，事半功倍
——外贸整合营销之网站营销

在意识到 B2B 平台的重要性之后，很多企业开始在 B2B 网站上做推广，甚至有的企业将 B2B 网站当作企业的主网站去用并加以宣传。虽然 B2B 网站每天有几百万条国外买家的询盘，但在同一平台上做推广的企业那么多，能分流下来给你的询盘数量又有多少呢？

如果你把相应的精力用在建立自己的企业网站上面，就算名气不及当下 B2B 网站那么大，但是其所带来的询盘数量与质量也是不容小觑的。企业未来的发展结果属于当下你的选择，企业的网络品牌之路，任重而道远。

第一节　外贸网站存在的误区

1. 最大的误区：企业的官方网站是摆设

最大的误区：很多企业认为自己的官方网站是摆设，所以有的企业没有自己的网站，有的就算建了自己的网站，相应的作用也没有发挥出来。

尽管通过阿里巴巴、环球资源及其他 B2B 平台，询盘都是断断续续有的，但是如果你的企业能把同样的精力，用在自己的网站上，打造自己的品牌，也同样可以循序渐进地去积累大量的客流量，创造相应的业绩。

我见证了很多做外贸的企业在借助 B2B 网站带来短期垂询的同时，也在打造自己的网站系统。通过网上的询盘系统，让更多的客人能够通过差异化的渠道来找到自己的网址，让自己的网站发挥相应的作用。

建立自己企业的网站，关键在于你重不重视。你是否意识到，如今 B2B 平台已经不是你占领海外市场的唯一电子商务途径了。也许有人会说，网站是建立起来了，可是没什么效果啊！其实，问题就在于你有没有把自己的网址推出去，有没有把自己的网站运营起来。

2. 走捷径：只在 B2B 平台上投放广告

很多企业只是想解决眼前的问题，改善眼前的业绩情况，就走捷径：直接在 B2B 平台上投放广告。至于效果如何，相信每个企业老板心里都很清楚。我就见过很多企业买了 B2B 一个账户没有效果，就增加了多个广告，结果也是不尽如人意。为什么呢？道理很简单，你自己的事都不关心，外贸怎么做得起来呢？

3. 网站是必须做的"面子工程"

很多的企业，做网站的初衷和出发点是因为隔壁的那家工厂做了，或者买家问到了企业网站，所以就建起了自己的网站。事实上，对他们来说，企业的网站是必须要做的"面子工程"，其出发点并不是让这个网站为自己带来询盘成交。你说，这样做出来的网站能给企业带来业绩吗？

4. 对网站投入的资金和精力仍不足

在 B2B 平台刚兴起的那几年，它确实给企业带来了很多订单，但是今天它只是为企业带来新客户垂询的一个通路而已。如何把这条通路带来的客户引向自己企业的网站，才是核心。只有将潜在客户引到自己的网站上，才能促成更多的成交，才能提高自己企业的名气。因为自己的网站可以更全面、详细地介绍产品，也能做出与竞争产品差异化的营销策略。如果说多花一些精力去把这些网站做起来，同时通过 B2B 网站、邮件营销，把一些客人精准地带到我们自己的网站上面来，就会得到很多的回报，而这种回报——每开发一个新客户的成本是非常低的。

可惜到目前为止，在我所了解的外贸企业中，有很多人对网站投入的资金和精力仍不足，重视不够，大抵是因为没有获得相应的好处吧。所以，做电子商务把钱花在哪里是各位管理者需要慎重思考的，B2B 网站的走红使得大部分企业的钱都花在 B2B 广告上面，导致所有的企业都在上面"抢摊位"。

5. 做完网站不去运营、不去维护

有很多的公司在做完了网站之后不去运营、不去维护。就好像你开了一家店，但是不去管理，不调整里面的货品摆放，也不去分析店铺的营业的状况。在这种被动的等待下，要想等来垂询是很难的。

据我统计，国内的企业网站的利用率非常低。平均下来，一个企业的网站，包括自己的员工点击都不超过 50 次。这个数据看了让人心

寒，但它也告诉我们中小型企业在网络方面还有很大的提升空间。

6. 在网站上介绍其他宣传平台

还有一个误区就是，许多企业在自己的网站、宣传册上介绍他们使用 B2B 等平台。对此，很多人感到不解，为什么不可以在这些地方介绍公司使用 B2B 平台的情况。原因就在于可能你的很多"老客人"并不知道 B2B 网站，但是通过你们企业的这些渠道了解到 B2B 平台后，行业信息对客户来说就完全透明化了。虽然他们可能日后还与你合作，但他对行业的价格更了解了，你挣到的钱就更少。外贸是靠信息不对称创造的服务价值来获益的。

B2B 平台可以带来更大的曝光率，但是也使得信息透明化，让同行与你同台竞争。所以，如果你还在你的网站首页、宣传册上面印着环球资源、阿里巴巴等 B2B 平台的链接，那么你的"老客人"有可能因为你的一不小心而流失掉！

第二节　域名的重要性及注意点

1. 做网站先选域名

在做网站之前，要选一个好的域名。域名就好比公司名称，一个好的名字便于顾客记忆，方便客人录入、输入，且不容易输错。例如阿里巴巴，它的中文站点和英文站点的名字都是一样的，非常好记，但名字里并没有多少产品关键词。

2. 注册域名的注意点

那么我们在注册域名的时候，要注意哪些要点呢？

（1）域名是否属于你的公司

绝大部分公司在选择域名时，都会请第三方公司去做。域名就等于你公司的所有权，而域名是不是真的属于你公司，则需要查证。你可以在万网上输入你公司的域名，看一看上面留的联系方式是不是你的。我见过无数个企业，最大的这个代价就是做了网站、做了推广，但是这个域名居然是别人的，想将这个域名拿回来则需要花上十万元以上，而域名本身只要几十元。

如果你能够按照域名查询的这个输入通道——www. net. cn，去核实一下你的域名，那么至少能保证你公司的这个网络品牌资产是属于自己的。打个比方，因为信任让别人帮忙买房子，买了房子以后，房产证上面居然写着人家的姓名，而我们只有居住权，不具备所有权。

（2）好的域名需要具备的特征

域名是非常重要的，但好的域名具备什么样的特征呢？

关键就是要短。因为多一个字符，就可能增加客户输错的概率。比方像 Google 这样的域名，有人中间多打了"o"，都会导致你访问到一个错误的网站上面，所以域名越短越好。

如果你能注册五个字符或六个字符的域名，那是最好不过的了。很多企业咨询我，如何注册一个与产品相关的域名。如果你懂一点市场营销的话，你可以加一些产品关键词，但是产品关键词之间不要相连。例如：Made – in – China 比 Made_ in_ China 一起要有价值。为什么？因为搜索引擎识别相关品名关键词的时候，中间的空格是用横杠来代表的，而不是下画线。

你也可以注册两个域名，一个主域名是做给搜索引擎看的，方便搜索引擎能够抓到你自己的域名的词汇相关性，这个词跟你的核心产品值是相关的，有很多公司也会注册一些公司品牌名，长一点没关系，最好不超过 15 个字符。如果短的公司品牌名注册不到，那不如不注册，因为长的域名不好记，输入也不方便。

另外注册一个域名，这个域名指向主域名，用通信地址去做，越短越好，印在名片上便于直接输入，跟企业邮箱捆绑。下面，我们举一个例子来说明。

有一家公司位于北京西城区国际贸易大厦某街某小巷胡同多少号，为了方便客人的查找，我们就注册一个这样的域名——北京小巷胡同多少号，方便了传统渠道的用户投递，一切以方便为标准。

很多企业还处于开发客户的阶段，所以第一个目标便是让客户迅速地记住这个域名。就好像你找我夏涛，你会怎么搜，你会搜我的中文名字"夏涛"，你也会去搜英文"Xia Tao"，中文和英文相对来说都是方便好记的。但它没有包含我在这个行业当中的一些专业词汇。为了能了解到你的专业，要怎么办呢？很简单，你可以加上"xiatao.com"博客，这样就非常容易推广了。说到底，域名就是为了方便识记。如果你是做玩具的，你就可以用一个与玩具相关的词汇去注册域名，但不要用在宣传册、业务团队的邮件地址及所有传统客源看得到的地方。因为这个域名只是方便搜索引擎在用户搜索关键词的时候能够搜到你的公司，往往比较长不好记，别人容易打错。

人的记忆力其实是有限的。如果你不能让客户很方便地记住你公司的域名，那无论如何对外宣传都不能给客户留下深刻的印象。遇到这样的情况，你就要检查公司名称的缩写、简称，能找到的第一个网址是否为你公司的网站。如果不是，那么你在未来网络营销的这条渠道上就很失败了。因为连你自己搜你公司的名称都找不到，在网络营销这个战场上还有什么营销可以去做的。

第三节　做营销网站之前的准备工作

想好域名后，你就要考虑在网站建立后，客户在询盘中一般会问些什么问题。对此，你在建立网站前就要做充分的调查和总结，以免到时客户问得你措手不及。

1. 客户常见问题标准化

询盘中，我们会遇到各种各样的客人，他们问来问去的问题也就一二十个。如果分别解答每一个客人，那么我们会耗费很多的精力。而且，在你回答完客户的问题后，他们未必会马上下订单。这样就会浪费很多人力、物力，结果还不出业绩。

面对这个问题，你有没有考虑如何解决呢？其实，客户的很多问题都大同小异，比如交期、付款方式、是否提供样品等，这些问题完全可以标准化，统一写在网站上，让客户自己去了解。

不过，要注意的是，面对同样的问题，因每一家企业的实际情况也不一样，所以在整理这些问题的答案时要结合自己公司的实际情况，然后将这些问题放在公司网站当中一个专门的栏目叫 FAQ（常见问题回答）。

当然，这些问题也需时常更新。这样的问题库建立起来后，你在与客人交谈中遇到一些常见问题，就直接给客人 FAQ 网址的链接就行了。这样就极大地方便了客户，提升了工作效率，也把客人引向了你的企业网站上，让他有机会了解更多的企业资料。

2. 产品介绍"不要让买家思考"

把客人引到企业的网站上面是成功的第一步。只要不跳出网站，那么他都在了解公司和产品。关于产品的介绍，需要遵循"不要让买家思考"的原则，因为他们在网店的停留时间非常的短，他们希望清晰地知道，为什么要选择你、你和竞争对手之间的区别是什么、你的优势在哪里等。如果你把它简明扼要地整理成文字、语音或者视频，放在企业的网站上，那么就会促使买家很快地做出判断和选择。这就是最简单的包装，比产品还要重要，在众多供应商可以让他选择的时候，更青睐于你而不是竞争对手。

很多公司就是因为只展现了产品，买家看不到任何附加值或者是亮点足够促使他发一封询盘，所以网站成了摆设。如果买家对公司抱有怀疑态度，那么公司就可能没有办法得到垂询，因为你没有从客人的角度出发，没有服务好他。

3. 准备高质量的图片

在站点的建设上，我们依然要准备高质量的图片。就拿我们的消费行为来说，我们在逛淘宝店的时候很容易被清晰有创意的高质量图片吸引，客户亦是如此。你的客户对公司或是产品的第一印象是来自图片和图片的相关性。

所谓图片的相关性，就是看到图片就能知道是你公司的产品。比如，一个公司生产汽车座椅垫，但是把整个汽车的图片放到公司网站上做广告，这是一个大忌。应当直截了当地在首页上展示你所生产的产品并加上一句话的描述。这样的产品展示，让客户知道你是供应商的同时也了解到公司的定位和服务理念。

在图片这个问题上，很多公司只会把 B2B 平台上的照片拿下来用。这个看似简单快捷的方法，其实是在为 B2B 平台做宣传。因为 B2B 上面的图片都有网址水印，这些信息就会将客人引入 B2B 平台，所以大大提高了发现竞争者的机会，会让客户对于这个行业价格的了解更加透明。

所以，当你赚不到钱，你千万别怪别人，是你自己的问题。你把客人引到了别人那里，好像你在你们工厂的门口，竖了一个你竞争对手的广告牌。

今天，有很多企业跟 B2B 网站合办广告牌，其实阿里巴巴的目的很清晰，它想把你的客人引到它的平台上去，抓住一些潜在的客人。所以，你不要犯这样低级的错误，不要让你的客人被带走，更不要让你的客人成为竞争对手的客人。所以在图片上，你不要留下这样的 B2B 网址。

2009 年之前，很多企业就愿意掏十块钱拍一张产品图片了，可见他们那时就已经意识到图片对表达产品的重要性。现在，图片对零售产品甚至起了决定性的作用。在产品包装上，香港人和台湾人做得比较好。他们能将一个明明质量一般的产品，通过高清的拍摄让产品有更大的附加值，看上去显得很上档次。

在行业里流传着这样一句话，"产品图片差等于公司的产品差，产品差就等于公司差，公司差就等于很多供应商不符合自己要求"。所以，你既然要做网站，又要做宣传册，就在前期把图片拍摄工作准备好。

4. 关心客户需求导向

懂行的买家更关心产品的规格和型号。现在越来越多的公司是营销导向，就是客户需求导向，所以，你做什么其实不是最重要的，重要的是为客人服务，满足他的需求。产品规格是否符合行业标准、是否按照外国人的标准定义的也是值得我们注意的。

你不能指望客户长时间访问你的网站，每个页面都有可能是他最后看到的页面。除了清晰的产品说明，产品的差异性、优势以及你能提供的服务，都要简要说明。很多公司只会把规格、型号简单写上去。这点，可以学习欧美网站上的描述。高要求、高标准地去做好每一个产品描述。有的公司没有办法打造一个网上赚钱的系统，公司网站也无法带来询盘，往往是因为在这个方面准备得不够。

关于网站的打开速度，外国人访问国内的站点的速度是非常慢的。试想好不容易吸引了客户浏览本公司的网站，却因为网速慢而打不开页面是多遗憾的事。我建议大家把网站做好后放到国外，因为国内和国外带宽不同，如果有很多外国人访问企业网站，放在国内本地的网站的速度会非常慢。假设你做的是俄罗斯市场，如果找不到俄罗斯市场的服务商的话，也尽可能把你第一个网站放在美国。

第四节　建站服务商的选择

有很多公司说，网站的内容我们都准备好了，却不具备自己去做网站的技术实施能力。那么怎样去选择建站服务商呢？

1. 调查服务商的团队实力

调查服务商的团队实力，了解服务商懂不懂你这个行当。

在选择服务商时，很多企业会选择中企动力。事实上，中企动力公司懂技术但不懂营销，不太懂得网站如何做推广，他们做出的网站从程序本身就不符合海外买家的要求，不符合国外像 Google 这一类的搜索引擎的要求，做出来的网站自然会有问题。

隔行如隔山，虽然都在做网站建设，都在做网站的设计和规划，那么有很多的公司因为它服务的客户类型、培养的团队、服务的能力和经验都会偏向一个领域，比如擅长做品牌国内站点的，未必能做好海外营销型站点。

2. 选择合适的服务商很重要

选择合适的服务商很重要，不能盲目地找名气大、规模大的公司。

像很多人抱怨 B2B 公司无法满足客户的需求一样，大公司往往在流程上面不能很好地去做针对性的服务。我建议尽可能找趋从于行业的、服务于行业的这些公司。以玩具外贸为例，你可能无法找到做玩具的行业垂直的网站公司，但是你可以找到专注于为外贸企业去做网站的公司。是做大鱼塘中的一条小鱼，还是做小鱼塘里的一条大鱼是企业需要考虑的问题，毕竟网站后期也要不断优化，找到适合的企业，对方才能重视你。

有很多公司认为买网站只是买一个现成的网站而已，其实是大错特错的，核心的问题是买了网站后，我们会不断地去用它，需要这家公司能够长期为我们服务。

有的人会说，这家企业做了非常多的案例，有房地产、食品、服装等。我不否认他们的成功经验，但他们的经验都不可复制。很简单，一家经常做房地产网站的公司，它更多的经验是在房地产上，而不是外贸。所以找一家专门在做外贸网站的公司来做，则能更好地提高网站的使用价值。

当然，国内的贸易和国外的贸易又不一样，不仅仅区别在语言上。因为有很多公司的做法是中英文放在一家公司做，也就是先做出中文网站再把中文翻译成英文，仅此而已。上面我提到过"定位最重要"，中文做给中国人看，英文做给外国人看，但是中国人与外国人的思维模式也不尽相同。中国人看重面子，外国人更务实，喜欢用数字说话，比如设备介绍、团队背景等能证明你实力的东西。

那么，选择第三方服务商就要选择那些能手把手帮助你去把这些东西落实的。总之，首选本地区、本行业、有过外贸网站建立经验的。规模不要大，以便于为你提供个性化的服务，案例也不要多，案例很多的企业往往也是依葫芦画瓢套用其他公司的模式。

还需要确认的是他们是不是理解营销。因为网站是一个工具，最终是为了营销，就像宣传册也是为了营销。我见过很多公司因为有了钱，请广告公司去做宣传册的设计，最终发现，这个宣传册做得很厚，成本很高，但是没有什么效果，为什么呢？因为这些设计公司都太过偏向于设计一个漂亮的封面和插页来讨好你。然而，它们大部分都不太懂营销，网站也是如此，贵的不一定是好的。

在建立网站之前可以跟第三方聊聊天，了解他们对营销的看法以及网站做好后怎么去推广。但是，如果他们不懂营销，有可能就会犯根源上面的错。比如说，网站推倒数次也建立不起来，不懂得营销，动态的数据库打开的速度非常慢，服务器存放的地点不合适等，但做出来的页面非静态化，客户在打开速度上面也会受到一系列的影响。这些都会造成客户观看站点的不便，比如不方便提交询盘、E－mail地址不明显等。

要强调的是针对每个产品一定要有提交询盘的地方。之前有个案例，一个公司的网站上只有一栏"联系我们"可以提交询盘但并没有具体到各个产品的规格。这就导致询盘数量少，而且询盘内容也不清晰。很多时候，不方便客人就等于不方便自己得到有质量的垂询。

到网站建设的服务商的公司去坐坐，跟他们的技术人员沟通一下，是防止被忽悠的关键所在，只是跟销售人员沟通合作，才会出现想象和做出来完全不同的问题。

第五节　设计网站的方法和技巧

1. 网站的重中之重是定位

有这样一种体会，你去逛街的时候，可能不会每个店都逛，在每个店停留的时间也不尽相同。在网络上面，客户更有可能一个店只停留 5 ~ 10 秒钟，因为店太多了。如何设计一个好的外贸营销型企业网站，其重中之重便是定位。

你是卖什么的、出口什么样的产品，是提供产品还是提供服务等。很多常规产品的公司网站就是一个简单的产品橱窗。就像在阿里巴巴上面做的广告一样，只是一个店，标准的"三乘三"摊位把产品放进去。而做自己的网站，网络只是一个工具，就相当于做宣传册，纸张只是一个工具一样。你需要的是明确你要写给谁看。线下宣传册就是你的一个销售工具，而线上网站也是你的销售工具。与其对销售人员培训 100 次，不如让他们认认真真地把公司的实力和价值整理一遍，这样可以降低销售做业务的阻力。

2. 内容是网站的灵魂

网站中的内容是吸引客人、留住客人的关键点。我见过很多的贸易公司把所有的产品都罗列在一个宣传册当中，然后把所有不相关的产品都放在一个网站上。很多企业以为把所有产品都罗列上去便可以吸引更多的客户购买，其实是无效的，除非这个买家群体是采购多个不同的产品。盲目地罗列会让客户认为你不专业，不能聚焦有效产品，从而造成客户的流失。

我们讲站点的规划和定位，一开始是企业的负责人自己要做的事情，甚至于公司的外销员都无法担当，为什么？因为他不知道在行业当中你处于什么样的位置，他不知道你和竞争对手的差别在哪里，他不知道买家为什么选择你 5 点以上的理由，只有作为这个行业最专业的领导人士是最懂的。

我指导一家老牌模具企业时，问他们企业的优势是什么，他说他做了十多年这个行业。我问具体多少年，他说有19年，我问有没有专门对外的一句话介绍工厂19年专注于塑料模具的设计生产制造？他告诉我没有，更不要说专门有栏目阐述这个公司的发展和大事记。

那么买家在网上如何去辨别好坏？只能通过你的产品信息辨别，而对产品信息辨别的时候客户很难发现其中的差别，他更关心产品的价格，那么你就无法给客户提供震撼的印象，以获得合作的心理优势。

很多公司没有意识到，网络规则的改变将颠覆自己赖以生存的生意，所以起初看不起网络的价值，后来看不懂网络的价值，到最后跟不上时代的变迁被淘汰。

很多公司的规模较大并有很大的厂房，但是也不重视公司网站的基础建设，甚至在公司网站上连厂房的照片都没有，宣传册上面也看不到除了产品以外的任何实力展示的资料，它们不懂宣传包装和价值塑造是非常令人感到遗憾的。相反，一些小企业出于生存的压力，研究网络营销的规则，从细节入手，重视推广带来的价值，把自己包装得像大公司，从而获得了更多的机会。

所以说，建立站点最重要的是定位和内容。定位和内容做不好，后续的所有网络营销在执行层面上都会出现很大的偏差，宣传效果也会非常的不理想，有的时候也不能完全归结为网站公司的问题。

讲到定位，很多人觉得这很虚，希望我给一些可操作性的建议。作为企业老板，当然很忙，可能没有那么多时间想定位，但你可以拿出你的手机去录音，把你想表述的意思录下来，再让你的员工把它整理成分类。如果你的网站能把客户最关心的东西以及企业的定位清晰地展现出来，哪怕设计得差一点，但内容能吸引人看下去，就是有价值的。网站的灵魂在内容，所以网站是"一把手工程"，放给员工做，就是豆腐渣工程。

接下来，我们谈谈网站的内容要如何写。我们经常听到这样的抱怨，"我的网站很容易被别人抄袭，我的图片经常被别人盗用。"说真的，产品层面的东西确实容易抄袭与被抄袭，但公司层面的东西是没有办法照搬照抄的。比如，公司的理念、服务的案例以及你现在为什么能服务好这些客人的一些说明，恰恰是其他公司不能直接搬来就用的，你的团队的背景介绍、团队成员分别具有怎样的专业背景，这些也是别人无法套用的。

对于做企业网站而言，很多人想得太简单，所以做起来就会越做时间越长，周期越长，而代价越大。虽然做一个网站也就花了几千块钱，但你建的网站跟其他公司一样，千篇一律，只会用一个现成的模板，又不能很好地将内容展示出来，达到买家的行为习惯和视觉的要求。那样的网站做出来也是形同摆设，还不如不去投这些钱和时间。

3. 注意网站的用户群体

还有需要注意的是网站的用户群体，是零售的还是贸易商。消费类的产品想要直接零售给用户，我们需要的是做零售的网站。

在义乌时，我就看到很多做服饰的企业，它们通过中间商已经赚不到什么利润了，它们希望直接面向国外关心服饰类的这种销售群体的用户，这类产品的特性也非常适合卖给零售的用户。如果接到订单，工厂可以给客人直接发货，产品一般的售价都在 400 美元以下。

如果是做工业产品、做 B2B 项目、做贸易商项目、做批发商，你还像前几年一样去展示产品是不行的。因为时代不同了，当时做该产品的可能没有几家公司或者外国企业不知道这个产品，所以你会有先机。你只要用产品橱窗，做产品展示就可以了。我见过很多公司的网站只有几个页面：关于我们、产品介绍、联系我们，就这样简单。今天，如果你的产品是大众化的，有比较多的竞争者，你是否考虑到，在网站这方面，要产品加服务的介绍，产品加公司实力的介绍，等等。

所以，给大家一个实实在在的建议就是，你得把产品、服务和你的企业实力，都全面地展现在买家面前。不管是你的宣传册，还是你的网站，都要做好营销前的准备，它是你线下公司在网络上的映像，让买家提前对你的公司有一个相对全面地了解，而不仅仅是产品本身。

很多公司在"联系我们"这一栏只能看到一个 E－mail 或者公司的电话。为了展现实力，还可以在"联系我们"这一栏把你们的业务部门的 E－mail 地址写上去，业务部分的邮箱最好加上带有公司的域名后缀的邮箱。你也可以把公司地区附近的星级酒店电话及地址放上去。告诉你的顾客，如果来这个地区住哪个酒店比较方便，这体现服务的细节；还可以添加公司的中英文地图，方便客人拜访，也可以试着标注目的地到公司城市的飞行时间，是否提供接机服务等都是可以准备的素材。

基于这个定位，你可以拟一张草图，哪些方面会展现出我的实力，哪些栏目可以介绍我们的服务。有些企业告诉我，优势是由公司投资的设备决定的；有些企业告诉我，优势是它的厂房面积及产能决定的；有的企业告诉我，优势是它的团队服务决定的。这些无疑都是实力的见证，不管买家是否选择你，客户会比较看中你公司的全面信息而不仅仅是产品。如果客户要调研你的企业情况，那么它调研的依据之一就是你网站上的介绍。

第六节　高成交量外贸网站的注意事项

哪怕客户第一次访问没达成成效，但是觉得你这个网站做得赏心悦目，内容更新也及时，那么他很有可能会再来浏览。不管怎么样，网站建立起来就为了获得高的成交量，那么要注意些什么呢，接下为，我就给大家做些相应的总结。

1. 忌用 Flash 动画

很多的公司觉得自己拍了一小段录像，不给别人看放着也是浪费。如果要展现你的产品行业属性和特性的话，就把图片做成幻灯片，因为 Flash 严重影响网站打开的速度。

一个网站如果在 10 秒钟之内无法被你的客户打开，那么花再多的金钱、时间、精力去做都是浪费的。其实很多网站的失败就是因为所请的广告设计策划公司，为了追求美观而去设计，使得你的网站，在还没有达到一个很好的实用性的效果之前，就过早地迈入了做品牌的阶段。

很多企业的品牌都是自己在线下慢慢发展起来，线上的品牌是需要在线上线下的用户都认可的基础上面才谈得上品牌。比如耐克的网站能做成纯 Flash，但你的网站才刚刚开始，绝对不能做成纯 Flash，甚至连 Flash 的动画都不能放在首页。

2. 网站地图必须能清晰、方便地操作

在网站中要有网站地图，方便访客快速找到想找的信息。这好比你进入一家超市，有导航图、服务台，地上有标示，这些都是为了防止客人迷路而设置的。可以作为用户去体验做好的网站，检测是否容易迷路、是否可以找到你想找的产品、是否容易提交询盘、是否容易回到主页、是否容易找到"联系我们"等。

我们也能阶段性地观察网站的客流量，因为从营销来讲，说白了，跟传统收银是一样的，一是先有客流量，如果不做广告、不做宣传、没有客流量，就没有生意能够转化。首先把网站给做好，并想尽一切办法，不管是通过邮件，还是买阿里巴巴的广告，回复阿里巴巴上面的客人通知他们来看你的网站，还是说通过自然的排名或者 Google 广告，这些都是能带来潜在客户的方式，必须不断地运营和维护企业网站，推荐企业使用网站流量分析工具 Google Analytics（谷歌公司的一款免费的网站分析服务）去查客流量。

3. 站点上的内容对客户有帮助

站点制作完毕只是开始，网站建好后相当于多了一个信息源，是否能吸引客户的标准就是站点上的内容是否对客户有帮助。外贸营销型站点也需要专人专职地去维护、推广和运营。通过购买 Google 广告和长尾词的优化排名，在 3～6 个月内会有非常明显的成效。在网站初建时应更多地关注网站的客流量，装上日志时刻关注客流量，Google 有相关的日志软件。

　　运营了 6 个月后，如果你的网站排在一百万名之内，就说明你的网站慢慢进入健康的状态了。在这样的基础上，你只要保持对内容的更新就行，最少一周更新一篇相关内容。这个内容可以来自你这个行业当中的资讯，可以来自你企业新的产品信息，也可来自使得你客户再回头来关注你的关键。

　　有的时候去实地看一看，与相应的负责人沟通一下，了解一下企业老板的背景。因为我相信今天电子商务还处于初期的阶段，企业在选择电子商务服务商的过程中需要汲取相应的经验，确定对方企业的负责人是否有相关的专业能力，带动他们的团队把你的网站建设服务好。希望在未来的岁月当中，你能了解更多有关电子商务、网站建设和服务商的一些资讯，让自己的网站更好地发挥出相应的功效。

第七章
物美价廉，高效开发
——外贸整合营销之邮件营销

卖给全世界
外贸整合营销实战攻略

现在，在邮件使用当中存在哪些误区？如何正确地邮件营销？具体的方法和步骤是什么呢？本章分享的主题是有关外贸邮件营销的相关问题，比如邮件营销的一些小技巧和窍门。

第一节　传统邮件营销的误区

1. 群发垃圾邮件的方式做外贸

我不知道大家是否有这样的感觉，发出去的邮件大都石沉大海，即使每天发上一两千份邮件，能得到回应的也是寥寥无几。相比而言，几年前去进行一些目标客户邮件的递送，得到的回音还相对多一些，邮件营销因此也容易一些。

当你的企业出现这个问题的时候，不妨反问一下自己到底是用什么样的方式去发送邮件的呢？

曾经有一家企业跟我反映，他们是用发邮件的工具去抓取目标客户的 E - mail 地址的，一天能抓一两千个客户企业的 E - mail 地址，抓到以后，用群发的方式发送给客人。客人收到的，有可能是抄送许多个企业的信函，看上去像一个垃圾信。

有一次在东莞举办公开课，一家企业说它在一年当中发了76万封信，但有效回应寥寥无几。业务人员除了等待来自B2B平台的主动垂询以外，他们所能采取的行动就是邮件营销。

不可否认，邮件营销是外贸成本最低而且成效也比较好的推广方式。如果你还用五六年前群发垃圾邮件的方式做外贸，那么带来的转化率必将越来越低。为什么？因为现在所有的新老外销人员都在这么做。有的是通过手动的方式到网站上去找客户的资料、E-mail地址，直接进行发送，未经过客户分类。中国数以百万计的外销人员都在用同样的方法做客户开发，客户的邮箱里面被来自中国的开发信函堆满，客户的心情可想而知。所以我建议大家了解一下真正正常、正确的邮件营销方式到底是怎样的。如果没有一点技巧和方法，其工作效率将会非常低下。

2. 不知名的附件使得客人避而远之

假如你没有得到客户的确认，客户并不知道你是谁，一般客户是不愿意打开来自不了解、不信任的地区的信函的。大家都知道，病毒的传播往往也是通过邮件的方式。所以很多企业的外贸人员没有意识到这一点，在自己的第一封信函当中，就用附件发送给客人自己的报告单，而不知名的附件是使得客人避而远之的关键所在。对于使用手工群发，站在客户的角度想想看，假如收到的一封信函是发送给多个陌生人，又怎么可能打开这个信函并且进行回复呢？

用了错误的方法，导致的结果是什么呢？

无数次地在短时间内发送同样内容的信函，导致客户觉得这是垃圾信函，并且将发件人加入黑名单。即使他是真实有效的客户，都会因为你的骚扰过度而拒绝与你交易。

有很多外销员有这样的感受：前3个月老板叫我们去发邮件，我们每天都手动发上至少一两百封邮件；用工具群发的话，可能一天发送一两千封邮件，但没有用任何技巧和方法，没有清晰的思路，开发信函内一般只会发报价单和公司介绍。而在两三个月以后并无成效之后，执行力、积极度，就大大地受到了挫伤。最后，很多人就会产生外销很难做、客户开发很难的念头。

有些外贸企业几乎没有什么客户，原因是什么？用了错误的方法，发了错误的内容。这些错误在中国无数家企业当中发生并重演，当然也有企业负责人的责任。相信每位企业负责人对于外销邮件的发送都有一些自己的心得，但是怎样把这个复杂的经验简单化，并交给业务人员操作才是当下之难。大多数企业的现状是，强烈地要求业务人员为了短期的业绩成果，即开发到客户，简单的命令重复的做。可是时代真的不一样了。30年前每天发100封、200封邮件，可能是有效的，但现在当所有人都这么做的时候，再用这种方法去解决现在的问题，基本上不会有什么成效。

第二节　什么是许可邮件营销

面对这种问题，外贸企业到底应该如何去解决？什么样的方法才是正确的邮件营销的方法呢？首先需要了解什么是许可邮件营销，通俗地说就是比较正规的邮件营销的方法。

1. 正规的邮件营销方法

正规的邮件营销的方法就是许可邮件营销，经过对方的确认或认可，通过邮件发送公司和行业的相关信息，达到营销的目的。比如银行的信件、账单，再比如淘宝的用户会接收淘宝的广告信、产品的促销信。因为这些在填表或在线注册的时候都是经过了我们自愿的确认的。

我们愿意通过邮件的方式收到银行的账单，所以当我们收到这种信的时候，即使银行偶尔发送最近积分换领礼物的广告信，又或是一些理财产品的推荐信，都不会觉得反感，因为它们被许可了。淘宝也一样，我们经常会收到一些淘宝的打折的、促销的推荐信，但是我们不会反感，因为我们愿意收到有关这类信息的邮件。当然也有相应的功能退订类似的邮件。

通过这种方式，服务老客户的成本会越来越低。原先所有的老客户都在业务员手里面，管理者并不可能每时每刻监督业务员是否认认真真服务好每个客户。业务人员可能会为了短期的订单才关心一下老客户，然而在这个过程当中，很多的潜在客户，因为公司没有持续地跟进而丢失。

2. 许可邮件营销的好处

其实许可邮件营销的好处就是我们可以通过公司的一些新闻，比如参展新闻，激活用户。以前外国企业找不到中国的产品，所以发一封邮件询问，如果供需对口它们就会直接下单。但是现在它们找中国产品太容易了，在这么多的信息、邮件当中区分不同的企业，这是一个难点。

所以从客户的角度出发，我们要让客户建立重复的印象，持之以恒地跟客户进行沟通，邮件不失为最好的工具。如果你能让每个客人都订阅你公司的站点、博客，而站点和博客上更新的相关产品信息就会第一时间速递给客户，从而大大加深了客户对你的印象并记住你。这就是成功的一半了。

很多博客的右上角有一个订阅博客的按钮，订阅后，博客上面每更新一篇文章都会第一时间发到你的邮箱里面。公司网站现在也能很轻松地实现这些自动化的营销功能，这也是许可邮件营销的一种方式。客户自发自愿地留下自己的 E - mail 地址，极大地方便了你跟客人的沟通，也方便你跟读者的沟通。

不管他今天有没有跟你做成生意、是否合作，都是相当重要的。如果企业只是在有生意、有需求、有合作时才关心联系客户，没需求就不联系，那么企业很难与客户达成长期的合作关系。因为现在的买家在供应商的筛选上比以前要慎重得多，特别是在选择来自中国的产品时。他们需要反复确认，在经过相应的咨询和沟通后，才会订购。据统计，邮件营销的正确方法是分步骤进行相关信息的递送，通过4～11次这样的方式去激活你的买家，如果这些买家能够将他个性化的需求提交给你，即为成功。

另外，不要每一次都发送推销产品的开发信，可以分享行业的资讯、参展的资讯、公司网站改版的资讯等，这些都会有助于客人进一步了解你，从而激发客人在站点上提交询盘。这就是邮件营销的一个思路，并不是说通过一封邮件就能完成转化，那客人也太轻信你了。

这样的客人我相信在合作了以后也很难维持长久的合作，因为前期的了解不充分，合作了以后产生的问题会比较多。

第三节　许可邮件营销的流程及步骤

许可邮件营销有哪些步骤和流程呢？我们应该如何去做呢？先谈步骤，再谈作为管理者应该怎么去做。

1. 建立买家数据库

很多老外销人员凭借多年的工作经验，将多年收集来的名片分配给新业务员，新业务员对于这些客人就只是发短期的报价单，想激活客户。结果，新业务员就把没回复的人的名片甩到一边。这是一个较为严重的误区。其实这恰恰是一个非常重要的客户资源池，我们并没有把他们建立归档。

还有很多人抱怨 B2B 平台只能给我们一年一单的成交量，甚至没有成交，我想你花了那么多钱，除了得到短期的订单以外，最重要的是得到了一个来自最繁华的市场上面的活跃客户的 E - mail 地址。

很多人逛商场的时候，他对每一家店铺的印象都不深，在淘宝网购物时，你能记得的到底有几家呢？当你集中找一个产品的时候，很多店铺都被一扫而过，初期筛选店铺的时候，顶多停留 5 ~ 10 秒钟，然而在这个过程当中，这批客户就是活跃的。与其去购买数据，不如将这批用户的 E - mail 地址、姓名、询盘时间等资料建档。

对于这点，我们通过一个案例来看看别人是怎么做到的。

曾经有一个外销员跟我说，在他四年的外贸生涯中，他使用了两年阿里巴巴，积攒了几千个行业内的买家，这就是一个非常宝贵的资源。他说，通过这个"鱼塘"的建立，他每年的业务增长都是100%。

原因是他有了新的产品信息、新的公司发展信息后，都第一时间递送给这些买家，从而激活这些买家到他的站点上面去了解更多，他只做一个企业的站点，就通过后面4～11次的跟进，把潜在客户转化为提交需求的客人。

很多人希望B2B平台能带来短期的利益，不是说不可以，只是说现在难度加大，更应该把眼光放得长远一点，去建立这样的客户"鱼塘"。

有一位老总告诉我，他们的产品非常专业，全国总共就那三四千家，展会上面经常见面，所以他们不要做营销。其实现在绝对不是这样的情况。虽然你知道这些买家，但是在那么多同行的竞争当中买家有可能也不记得你。

如果要研究让客户记住你的方法，第一步还是要对客户资源进行统一的建档，统一的管理。此外，你还需要把这些买家分类，到底他是批发商、直接贸易商，还是直接的用户。通过相应的分类，针对不同的买家，递送他们感兴趣的内容。如今好多企业做业务的人员都是在获取客人的E-mail地址后，直接群发相同内容的邮件。

如果一个企业有两类需求不同的客户，他们希望看到的信息也是不同的。如果你不进行买家分类，那么你介绍出去的信息很可能对买家是没用的。

那么如何建档呢？很简单，就在表格中写明客户的地区、姓名、E-mail地址、来源、上一次联络的时间、联络内容等，以此把客户分类。

这样的数据对于企业业务人员来说，好处是极大的。业务人员，即使今年只做了两三个客人，但是通过这一年的努力，可能有一两千个正在跟进的客户，通过邮件这样低成本的工具，除了老客户的返单以外，第二三年的业绩就能稳定持续地增长。对于公司来说，有经验的业务人员的离开，很有可能会导致有的老客户随着业务人员一起流失，于是便一下子就损失掉了几百万元的营业额。说到底，在这个公司待了 5 年以上的业务人员手上所掌握的客户资源，对于公司来说都是非常重要的。

外贸这个行业就是这样，已经合作的企业只占行业中非常小的比例，而圈子就这么大，每年新买家的增长数量可能就那么多。所以你如果对客户类型、需求进行一个相应的分档，未来新业务人员再接手的时候，他们的工作就会相对简单些，有可能就只要轻轻地推一把，借一个参展活动来邀请客户去见面，就可能转化为合作伙伴关系，为你的企业带来相应的利益。然而很多企业没有意识到这一点，更没有去做，所以导致业务巨大的长短期损失。投入在业务人员身上的工资、开销、时间等所有的一切，都伴随着人员的流失而付诸东流。这就是为什么要建立买家数据库的原因。

在持续的建立过程当中，客户资料慢慢增加，达到规模的时候，就有必要使用软件等工具去经营它。刚刚开始公司只是两三个外销员，如果他们每个月把这些相应的东西进行归档汇总，对于自己的工作，也是一个很好的自我管理。对于汇报他的工作成绩，也是一个量化的可直观的成果。

2. 开始的准备工作非常关键

在初期的资料建档以后，下一步骤是什么呢？

是对于买家的信息的调研。如要打开客户的站点去看一看，利用抓取工具抓出来的资料像 E－mail 地址，有的时候是错误的，或者不是对方项目的关键人和负责人，那么这一类未经确认的买家信息和联络人信息，需要再次做调研，要看一看客人所需求的跟我们的产品是不是相关的。如果不相关，那么你发了邮件也没有用。

要想避免做无用功，开始的准备工作就是最关键的。

很多企业不去做调研，结果是什么呢？

拿到一堆无用的信息，有的企业在建立数据库的过程当中购买海关数据信息。告诉我海关数据不好用的企业不在少数，反过来，也有用得很好的。为什么？因为这些企业在不断地深入挖掘这些信息背后的信息，不断地去确认对方的联络人是谁，然后进行更进一步的建档，同时把客人需求的产品跟企业产品有针对性地做一些备注，那么我们下一次在撰写开发信的时候，就有明确的客户方向、产品介绍的侧重点了。

现在的很多公司做许多种类的产品，产品的跨度又太大了，如果推销信中没有将这个部分进行分类，产品不对口，客户根本不会看你的开发信。不但如此，客人还觉得你不专业。所以，企业需要把这些细节做好。这样的话，对于新的业务人员来讲，在接手老业务人员的客户资料时，也是有帮助的。

3. 邮件范本

在写邮件范本之前，更重要的是什么呢？

（1）邮件的标题

为什么标题这么重要呢？比如，我们去书店买书时，面对琳琅满目的图书，如何快速找到自己想买的书？是不是凭第一印象和这本书的标题、外部的包装和印刷来决定去翻开哪本书？

曾经有台湾的和香港的公司，把一些销量不好的书籍，收回去以后重新二次包装外壳和重新撰写标题，使得一些滞销书变成畅销书。

所以买家不是科学家，买家在这一过程当中凭什么判断这封信函值不值得点开，这是最关键的。如果你的信函没被点开，那么再优秀的正文都没有用了。

如何让标题吸引客户的眼球，我告诉大家一些标准做参考。

第一，跟客户相关。让客户觉得你知道他、了解他，这封邮件是发给他的。

举个例子，提到对方的名称，不论是人的名字还是公司名字，都会有效地激活。所以我建议建档时，要将 E – mail 地址和联系人一一对应，这有助于记得一些细节。

第二，写清内容。在标题里面你就要告诉客人你在做什么，你的主题是什么，你为他带来的好处是什么。

写好标题后一定要进行 A、B 类的测试。所谓 A、B 测试，就是先用两到三种不同的标题，去发送给目标客人看看成效。但是在发送给客人之前，我提醒大家先发送给自己测试一下，看一看邮件的标题是不是过长，是不是能正常地展示出来，然后发给 100 ~ 200 个客人测试，看看有没有回应。最后选择效果较好的那个标题去进行发送。

当然，通常我们要不断地去改良这样的标题，因为当同行都在用这个方法的时候，它的有效性就会降低，转化率也会降低。我们有的时候要去做测试，真正落地实践的时候去做测试，反复地去修正。

（2）邮件范本要吸引人

邮件范本要吸引人，很多公司的邮件实际上直接是报价单，又或者直接是以自己公司为核心的推销信。试想一下，客人不认识你，收到一份来自中国的不认识的人的信函，全篇都是介绍你在做什么产品，怎么可能会愿意回复呢？

有人问为什么千万封邮件发出去后得到的回复却很少，这时企业要思考，你有给他理由回复吗？

其实很多时候对这种信函的不信任感，会导致我们不愿打开，即使打开之后也不会回复。所以，在这个信函的撰写部分特别提出要由老外销员自己去写，因为这种文案直接决定了客人是否会回复你。

那么，写什么内容呢？我们要逆向思维。别人都写的，我们不写。别人都做的，我们不做。我们要去告诉客人为什么要给我们回复邮件，第一封信函的目的是为了引起客人的兴趣，吸引客人的眼球，激活这个客户。要给客户理由去回复邮件、打开邮件正文当中的网址。

举个简单的例子，像团购网站，你收到团购网站的邮件、短信的时候，这些网站一定会告诉你近期又搞什么优惠活动了，那么说白了这就是告诉你好处，所以在写给买家的信函当中，要写出 5 点以上客人为什么要点击网站或者是回复邮件的好处。

例如：现在中国人一般工作时间为八小时，但很多小的贸易公司告诉我说，他能够做到 12 小时或 24 小时之内回复询盘。这点很重要，因为现在外国企业最担心的事情是，我回了邮件，你拖了很长时间才回复我，时效性差导致外国企业对中国人的印象差。当你承诺在 12 小时或者 24 小时内回复邮件，就一定要说到做到，这就会使得一部分的客人被激活。

当然，不指望每一封信函都会有人回复，但是我们要比竞争对手有更高的打开率、激活率。比如有些公司说如果客人包邮提供样品，并愿意承担我方样品出品后的运费，我方愿意提供样品的制作。这也是非常好的想法，但很多的企业没有说出来，没说出来客人就不知道，不知道他就不会回应你。所以在这个过程当中，我们其实只要把能做的服务在邮件正文当中说出来，包括告诉他通过我们的站点可以得到更多的产品信息，写上网址，常见的一些问题可以访问我们的 FAQ 的链接。那么这些好处都会促使客人在收到第一封信函之后被激活。

我们第一次不用发送报价单，报价单也不会被客户打开，对于陌生的联系人，他不会打开你的附件，千万不要再犯这样简单的错误。

第四节　邮件营销的工具和思路

1. 邮件营销的工具

关于邮件营销的工具，一个是抓取客户的邮件营销工具，购买这样的工具会大大节省在网上找寻客户资料的时间。对于发送邮件营销工具，国外推荐 iContact（著名的电子邮件和社会化营销平台），国内推荐顶易软件，它会模拟手工一封一封地发送给国外的买家，不会像国内的群发工具，群发了以后会导致邮箱被全面封闭。

时间就是金钱。有很多业务人员说我的时间很多，那么假设你的年薪能达到 10 万元的话，每天的工资就是 393.7 元，如果你每一天能节约出时间来开发客户，而不是把时间花在发送客户邮件上，那么你的成单率就会提高了。况且工具不仅为你节省了时间，还会测试多少封邮件未发送成功、多少封邮件被打开等。

例如现在我们收到的很多的广告信件，其实都是通过邮件营销工具模拟手工行为来发送的。切记不要再用群发，不光自己的邮箱会被封杀，更会被对方的邮件服务器屏蔽。

2. 营销的一些思路

接下来，我们讲一讲邮件营销的一些思路。

第一，要专人，如营销助理，去找寻客户资料，建立客户档案，而不是把工作推给外销员。营销助理有责任去建立客户档案，发布一些公司的产品信息到 B2B 平台，建立客户"鱼塘"。

第二，建档以后，就要分配。可以先进一步地去查找这些客户的背景。

第三，邮件范本谁做呢，邮件范本是由老外销员口述，有很多人说自己的文字功底不行，那么建议录音，让业务人员写成范本再给你确认。

第四，去找一些相应的邮件营销工具。营销不是销售，营即为拉动客人找到你，拉动客人关注你。这个工作比把产品推销出去还要重要。通过日积月累的沟通和坚持不懈的努力拿下订单。

立峰正德的黄总是我外贸黄埔军校的杰出学员之一，更是通过课程在电商领域的受益者之一。

他在 2008 年创业时选择使用传统的邮件营销，我则建议分工的必要性，对他说明一位员工从写邮件模板到找客户邮箱、发邮件、跟单等流程的效率会非常低下，建议他找专门的员工，找客户名单且调研客户背景以便进行客户分类。黄总自身经验丰厚，担当了写模板一职，还有专门的员工发邮件。仅仅带领了两名员工的团队在六个月内就创造了 100 万美元的成交，从而积累了前期资金以便探索更多营销渠道。

给同一个客户发邮件一个月不要超过两次。可是发了邮件杳无音信怎么办？我建议可以打一个电话，不要问对方对你的报价和意见如何，就问对方是否收到你的邮件。用打电话的方式跟对方确认，这样一来，我们又能了解到客人的情况，又能把用户的注意力吸引过来。

邮件营销是跟以前完全不一样的营销思路，为什么你的邮件营销越来越低效，本章总结了一些原因，更多邮件营销的方法欢迎大家到我的博客上面，进一步地去了解邮件营销的方法等。

第八章

高效投放，效果为王

——外贸整合营销之Google广告

卖给全世界
外贸整合营销实战攻略

外贸整合营销如何有效利用 Google 广告，很多没有投放过 Google 广告的朋友如何知道它的价值，并为过度依赖 B2B 广告平台使得自己的询盘质量越来越差的企业提供另一个思路。而另外一些，已经用过和正在用 Google 广告的企业，需要思考让利益和回报最大化的方法、技巧和策略。

第一节　为何重视 Google 广告

有很多人不知道 Google 广告的价值，所以还没有去投放和操作，那么到底什么是 Google 广告？

1. 什么是 Google 广告

跟百度类似，我们在 Google 搜索当中，在标题前加有下画线的 AD 字样的即为 Google 付费广告，包括在搜索结果最前端和搜索结果的右侧，如下图所示。

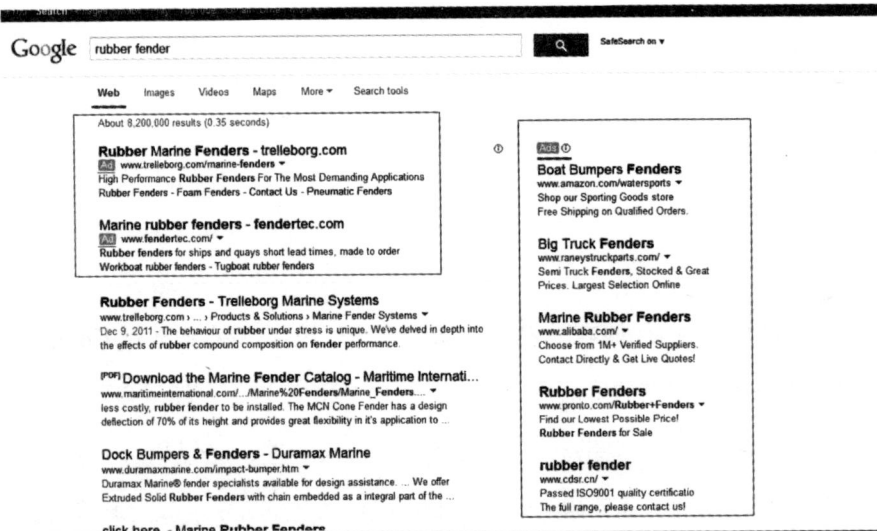

Google 的广告当中还包括广告联盟，就是在很多站点因为内容的相关性而空出相应的位置展示广告。例如，一家婴幼儿用品制造商，如果对方空出相应位置给 Google，Google 就会把你的广告去投放到婴儿用品、或孕妇类的站点上面，这叫联盟广告的作用。

在投放的广告当中还包括图片广告。图片广告会展示在 Google 的图片搜索当中。图片展示广告和传统的展示广告的最大区别是可以针对地区。全球范围内行业相关性的站点相对于产品的这个广告来讲，成本是非常低的。

你在 Google 广告开户以后，就会面临一个问题，到底是只投放 Google 的广告，还是包括它的联盟站点。

执行 Google 广告的朋友们建议，在刚开始投放 Google 广告的时候不需要去投放联盟广告，除非企业要做品牌，要烧钱。对于绝大部分的中小型出口企业来讲，第一阶段只需要投放 Google 广告，有效节约你的广告预算，让更有效的询盘过来。

Google 广告其实从理解上就很简单，就是在网络上、在所有用户有需求的地方去进行一些广告的展示。用户每时每刻都发生着需求，他们去不断地搜索一些资讯、产品、相关的服务和一些他们想找到的供应商。从外国人的角度来说，他们在找寻一些自己不了解的信息的时候下意识就想到了 Google。今天 Google 在全球市场的份额已经达到了 80% 以上。

Google 稳稳地成为第一大搜索引擎，超过了雅虎。很多出口企业在做营销的时候一定要考虑 Google 的特点和作用。

2. Google 广告的几大特点

（1）全球统一的平台

它是全球统一的平台并覆盖全球。有很多的企业说我想做全世界，如果没有那么大的资金实力做传统营销，又希望了解世界各地的买家需求的话，那么 Google 广告是一个非常好的工具。它可以让你知道市场的真实需求，如果用户通过网络向你垂询的话，便可以具体知道那一个地区的市场对你的产品的需求和要求是怎样的。

（2）高性价比

按以往的经验，每开发一个新客户只需要 100 元的成本，这相对于参展来说是非常低的，不论从时间、精力，还是金钱上。比如参加展会之前需要联系客户，准备所有相关的东西，要投入时间和精力，跟其他营销手段相比，网络的成本是最低的，Google 又是目前覆盖率和使用率最高的。

B2B 平台，像阿里巴巴公司从 2002 年开始，就大量地投入 Google 的广告，在 2002 年和 2003 年的广告预算就超过 1000 万元，由此带来大量去访问阿里巴巴这个平台的顾客，让这个平台成为行业当中第一大外贸交易 B2B 平台。

作为出口企业，如果你希望绕过更多的中间商直接面对买家，而不是在 B2B 平台上面跟很多的企业打价格战，那么 Google 将是你一个非常好的选择。当然成效取决于你线下的沟通能力和线下的产品吻合度，优质的客户是倾向于去拜访工厂的。

（3）形式多样化

这也是 Google 的一个营销特点。它们提供文字、图片以及视频等多样式的广告，让买家更直观地了解你。很多做外贸的买家已经不再像以前那样直接到中国来了，当他无法在线下找到更多的供应商，而又想合理规避价格差时，他首先会选择在网络上做大量的调研。如果将自己的广告去展示给买家，就会获得更多的机会。目前对绝大多数企业来说，特别是做出口的企业，还是一个未被开垦的荒地，学会这样的方法可以渐渐减少对 B2B 平台的依赖。

（4）评估你的营销成果

企业通常会有这样的困扰：印刷了这么多的资料和产品宣传册，发出去以后到底产生了多少成效；打了一个路边的广告，有多少个客人看到等。在做网络广告的情况下，企业是可以监控到底有多少客人因为投放的广告而访问店铺的；还能了解到有多少人因为这个虚拟的店铺提交了相应的询函；而他们在这个当中又因为哪些关键词的检索而找到我们。我们可以监控每个环节，通过对这些数据的分析促使我们去不断地改良营销策略，使得广告效益越来越好。

3. 是否应该把 Google 用得更好

在了解到 Google 的如上特性之后，相信你不得不去思考我是否该把 Google 用得更好，是否应该去开一个 Google 账户。如果你有这方面的需求，我很愿意去帮助你申请一些免费的广告预算，我们通常会为企业申请 688 元免费的 Google 广告区，测试作为一个新开户的用户该怎么去用，怎么去选择关键词。

对于这个 Google 广告的部分，在操作了 1000 个以上的出口企业以后，我们总结发现每个企业必须要投资 Google 广告，通过 Google 广告，可以用最快的时间测试出目标客户的搜索习惯，从而反过来推动 Google 广告的有效性。

第二节　付费广告回报率达到最大化的策略

如何让付费广告推广赚取更大的利益，我想你得遵循以下几个规则。

1. 做准备和计划

目标客户是谁？市场在哪里？主推的产品有哪些？广告预算一天花多少？广告投放以后达到什么样的成果？

2. 如何选择关键词

关键词广告我们应该花时间去测试，并思考该关键词打开后的网站页面，有很多企业将所有的关键词都指向网站的首页面，但是如果产品不醒目做广告也是无效的。假如投放了鞋子的广告，打开的就应该是那款具体的鞋子，即目标打开的页面和投放的关键词相匹配。

3. 评估广告的有效性

在阶段性的广告之后，企业要统计展示量、点击量、转化率来评估这波广告的有效性及需要改善的部分，吸取相应的经验。

第三节　正确操作 Google 广告关键词

在了解 Google 的价值以后，如何正确操作 Google 广告的关键词呢？

1. 了解 Google 广告的一系列规则

有一家企业向我诉说，他投资 Google 广告后发现没有什么效果，一年花费 5 万元，效果却没有百度的好。投放百度广告后还能接到电话询盘，而投放 Google 广告后却一个询盘都没有。当我深入探究没有询盘的原因时发现，原来他用百度广告的中文站点去投 Google 的英文广告，在英文网站上投放中文的关键词，并且绝大部分的电子商务服务商并不关心是否有询盘，也不会向你说明有点击无询盘的原因，因为它们是靠点击量收费的。

所以，在你抱怨网站没效果的同时，看看你是否拿中文站点投英文关键词。很多时候，外国人打开的国内中文网站显示的是乱码，因为他们很可能没有安装中文字库或其操作系统不兼容，这样的广告怎么可能有效呢？这都是因为不了解 Google 的一系列规则而造成的。

2. 提交询盘环节影响广告的效力

有一家企业，他一年投 Google 广告 20 万元，有两个 Google 的账户分别投入两个站点，每个账户每天的广告预算是 400 元，一年有 200 封询盘，一封询盘的成本在 1000 元左右。但是正常情况下，一封询盘的成本在 100~500 元。这个企业开发一个新客户的成本太高了，到底是什么原因造成的呢？

我仔细研究了这个企业的站点到底做得怎么样，是否能吸引买家留下信息。通过检查他的站点，发现站点并不符合搜索营销的习惯且不方便外国人提交询盘，就好像你在超市中作为一个客户根本找不到收银台埋单一样。企业可以模拟客户去体验网站，检查是否方便提交询函。上述部分大大地制约了广告的效力，阻碍客户找到你、了解你、信任你、选择你，衡量广告是否有效的标准就是看客户有没有给你发来询盘。如果站点在提交询盘环节做的有问题，将直接影响广告的效力。

3. 关键词的选择必须符合客户的搜索习惯

关键词就相当于网上广告牌当中的广告说明语，需要我们认真思考的是，关键词的选择必须符合客户的搜索习惯。

举个例子，有一家企业最初在 B2B 平台上投放广告的效果并不好，拓展新的渠道时决定要投 Google 广告并且做搜索引擎自然排位，所以涉及了关键词的选择。厂家是做帽子、围巾、手套的，所以选择了"Caps（帽子）"作为关键词，投放了之后，短时间内就发现了较大的问题：这样在传统渠道用得很正常的词在网上无效！其实在与企业讨论关键词的选择上就提出了这个建议，但是企业觉得外行人不懂，便断然拒绝了，他坚持使用"Caps"作为关键词。

后来总结起来，线下客户和线上客户的搜索习惯、命名习惯是不同的。比如说，用"Caps"搜索后根本不容易找到他的同行，同时它还是美国 CAP（College of American Pathologists，美国病理学家协会）机构的简称。虽然在产品渠道上面有线下客人是这么命名的，但是对于线上用户来说，并不符合他们的搜索习惯。帽子的品类太多，客户更多地搜像"Baseball Cap（棒球帽）"之类的词以便找到专门做棒球帽的供应商，所以在常用关键词的提供和选择上面需要花更多的时间，因为这决定了营销的方向。

4. 广告关键词投放上的思维方式

通过关键词测试，我们会发现 20% 的词汇占到了搜索量的 80%。一些竞争性比较强的词会选择投放 Google 广告；而像长尾词，每一个只会带来一到两个客人的点击，通常会用自然排名的方式去做。

我服务过的企业，通常广告的关键词大概有几十个，通过核心关键词延伸出来的精准关键词和长尾关键词可能达到了几百个。企业必须模拟网上买家的思维，然后利用 Google 的测试工具去测试。那么，具体应该怎么去做呢？我和读者分享一些简便的方法。

（1）先从产品词中扩展衍生

产品词部分，很多人只能想到产品的名称。其实产品的属性，产品给什么客户用的，就好像之前举例的帽子，都是产品词。由这个词，我们可以想买家按用途分类可以有棒球帽，按照用户年龄分类有童帽，按照品牌分类有迪士尼的帽子，按照产品材质分类有毛线的，这些都是客人可能搜索的，那么你把这些信息整理出来，你的帽子营销就成功了一大半。

投放 Google 广告当中最重要的部分是关键词的选择，就是模拟买家的思维去想问题。再比如基础关键词"连接线"，就可以从各种的角度投放通用词。用户往往会考虑它的用途，音频、电源、高压线等；按对象，用作 USB（Universal Serial Bus，通用串行总线）线、电脑连接线、排线等。企业可以从用途、对象、产品材质等角度去拟定关键词。对于那些搜索量不大的关键词，我们就可以用自然排名的方式优化排名。

（2）在客人搜索的入口找到你的广告

你必须做到的是在网上虚拟广告的入口和客人搜索的入口找到你的广告，点击广告访问公司的站点。往往这些通过搜索引擎流入的客户对价格的敏感度是比较低的，你需要做的是满足他们对于价值、质量的需求。

想获得优质买家，最好的方法是先跟随品牌。什么是投放的跟随策略呢？例如万科地产公司买地的时候，中海地产几乎都会在他旁边买一块地。万科是房地产中的著名品牌，有很多人慕名而来。在营销方面，中海地产并不需要花很多力气，有很多看万科房子的用户也顺便来看看中海的房子，促成了一些成交，因为有顾客的需求差异和房产本身的性价比差异等。那么你可以把你的线上广告竖在万科旁边吸引客户，毕竟在传统渠道上，把广告牌竖在竞争对手的门口是不现实的，但在网上可以。

我们在东莞服务的一家企业，从搜索引擎流入的一位客户第一次在大陆采购，以前大多是在中国台湾、日本采购。他不在乎价格，更关心产品质量。这启发我们，在投放广告时，想要做高质量的客户，就需要针对这些品牌词投放广告。关于这些品牌词，可以不断地开发你的创意。

阿里巴巴在品牌关键词的选择上非常成功，例如在网上搜"环球资源"的时候，居然能找出阿里巴巴的广告，环球资源作为一个40年的外企，在国内宣传的也早，阿里巴巴投放环球资源的广告主语里面必须有环球资源四个字，他们的广告语也非常有创意，"阿里巴巴是全球最大的环球资源市场，这里有你想要找寻的供应商和你想要展示的广告。"这样的广告语吸引用户点击，而且关注环球资源的人也会同步关注阿里巴巴，从而分流了环球资源的客户。

很多公司，如果说客源真的有限，也谈不上什么品牌，并且想摆脱"中国制造以低价取胜"的历史印象。建立品牌时，首先要学会跟随品牌，加以了解客人的采购行为和采购习惯，那么这些品牌词就可以得到延伸。

我在帮助很多出口企业做海外推广的时候，发现有太多的公司忽略了品牌词，而忽略了品牌词就意味着损失了一大部分高质量的买家。

除了品牌词，还有竞品词，顾名思义是竞争对手的产品品牌；还有通用词，即产品的用途，有很多用户只关心用途，不关心成分，化工类的产品更是如此。产品的用途都可以列出通用词来。

（3）执行中安排专人注意测试调整

刚开始的时候我建议从关键词的精准匹配开始，什么叫精准匹配，就是不要用涵盖面比较广的词汇，像例子中的"Caps"，而去使用哪怕一天只有十个二十个搜索和点击的词，但是那些词都是你的精准客户搜索的。让帮助你做推广的公司去测试哪些词是值得投放的，进一步地去确认完后再去投放，取代原先铺开的所有的词汇都去投放的方法，尽可能刚开始就选择精准匹配。

另外，学会否定关键词，即客户绝对不会这么搜的关键词。如此一来也节约了不少开支，对广告投入资金有限的企业来说是值得一试的。比如，有很多企业虽然做帽子但总有一类帽子不做，或者是说总有某一种特定材质的帽子不做，这些都会决定关键词广告的投放。在投放 Google 广告的时候，否定关键词可以有效地节约广告费用，当你设置了就不会在不相关的搜索内容中出现。例如，一家销售成人睡衣的企业，一定会投放睡衣这个词，投放以后，哪些词是你要取消的呢？比如，儿童睡衣就是不要你去投的。

5. 合理使用广告组的预算投放

在广告预算这个部分，我们需要设定相应的预算。有很多的公司不懂如何设定每日广告预算，这使得千元的广告费可能一天就用完了。一个月下来几万元付出了也没有效果，原本以为很便宜，点击一次只要几毛钱到几块钱，但是一下子就花掉了那么多钱，便逐渐产生了抗拒心理。其实这主要是因为没有合理使用广告组的预算投放而造成。

有些企业有明确的客户区域限制，例如只做澳大利亚客人，因为产品特性、贸易壁垒或者该地域有严格的行业认证标准等一系列的原因。那么，广告组的投放方向要更明确，这样可以省掉不少的广告费用了。

此外，还要考虑与外国存在的时差问题。只有在正确的时间去投放广告才可能有效，外国人在上班时间和下班时间搜索的目的可能是不同的，上班时间的搜索可能是因为工作需要，下班时间进行相关的搜索可能只是随便浏览一下，企业在考虑了这一点之后就可以把一些无效的广告费用给节约下来了。

我们知道，阶段性的广告投放越多，获得的数据也会越多，然而可以对这些数据实施跟踪记录，根据相应的一些成果再去做相应的改善。在对外广告语的设置上，也可以用图片广告做展示，图片广告会更直接、更醒目。

第四节　Google 广告营销中常见误区

在广告的投放上，企业通常会犯的常见错误有以下几种。

1. 花了钱就能等到结果

关键词广告相对来说要多花点时间和精力，它不同于傻瓜式的 B2B 广告，直接买了广告，添加产品资料之后一搜索就会有结果，Google 广告需要不断地去运营和改善。如果企业没有专业人才，可以请第三方代运营公司帮助你去分析、调整和改善，目的是为了让你的广告更有效。

2. 没有自己的测试工具和分析工具

关键词以 Google 搜索测试的结果为依据，没有自己的测试工具和分析工具。Google 分析工具可以测试出在 Google 上搜索量的多少。企业网站也需要运营，不断地更新有价值的内容给客户，将网站做得符合搜索引擎的要求、符合买家的浏览习惯，使用户体验越来越好。所以我推荐企业有自己的测试工具和分析工具以测试自己网站是否在改良。

3. 询盘少就等于广告效果不好

今天的 B2B 平台一天能给你带来几十封询函，但是大部分都是没有购买意向光比价的客户，那还不如一个月有五封到十封高质量的只针对一家公司的垂询。所以我们坚持 Google 的广告投放，在打造你自己网站的运营系统以后，Google 广告的效果是立竿见影的。

付费广告里 Google 广告是最有效的也是成本最低的，关键看你会不会用。我在深圳分享外贸营销中关键词的选择，其中立峰黄总自己回去就投放了 100 元每天的 Google 广告，这个案例可以分享给大家。6 天测试下来，获得 5 封询盘信，3 个高质量的买家。黄总给我发了邮件说明了心中喜悦，原文是这样的：

夏总：

自从 8 月 1 日开通 Google 关键词广告以来，下面的点击量呈直线上升，今天竟然达到 91 个独立 IP 访问。网站直接过来的询盘有 5 封！

其中 3 封质量相当高！

要知道，我开通才 6 天而已啊。哈哈。本月投入了 3000 元，下月准备投入 6000 元！

下面是图表。

有点激动，和您分享战绩！

黄川峰

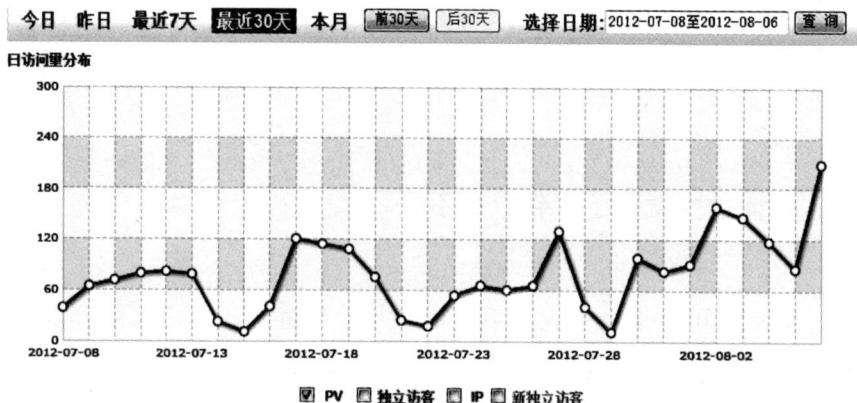

日访问量分布						导出此表数据
日期	PV	独立访客	IP	新独立访客	人均浏览次数	比例
总计	2378	818	739	675	2.91	-
2012-08-06	210	93	88	85	2.26	8.83%
2012-08-05星期天	86	53	52	51	1.62	3.62%
2012-08-04星期六	118	47	46	45	2.51	4.96%
2012-08-03	147	67	56	45	2.19	6.18%
2012-08-02	159	42	39	36	3.79	6.69%
2012-08-01	91	24	20	17	3.79	3.83%
2012-07-31	83	28	22	22	2.96	3.49%

本章最后希望读者反思，结合我所分享的内容思考：为什么没有去投放 Google 广告？为什么有些企业投放 Google 广告后短期内很不理想？到底出了哪些问题？通过这些讲解你到底学会了哪些策略，特别是关键词营销的策略。即使不是执行层，也要懂得如何将行业经验分享给执行层。大多数的电子商务公司或是外包的 Google 的代理商，都

不懂你的经验、专业，很有可能会花你的钱作他们的测试，所以你要自己把握住关键词的大方向。

我相信有很多的读者朋友通过本章的分享知道了 Google 的价值；它能够为自己带来怎样的帮助；关键词广告没有效果是什么原因；应该从哪个角度去调整关键词汇等。实践出真知，我相信还是需要你去做，掌握了这个营销思路亲自去实践、去分析公司的词汇，做你自己的站点。

第九章
抢占先机，一劳永逸

——外贸整合营销之搜索引擎优化

如何利用搜索引擎优化排名，让更多的客户来找你？搜索引擎营销和自然排名的优化对企业有多大的帮助？通过阅读本章学习掌握搜索引擎营销的侧重点，并激发读者更深入地去研究搜索引擎优化（SEO），帮助企业走稳外贸之路。

第一节　智能营销的价值

1. 智能营销的概念

很多人不了解什么叫 SEO，SEO 能为你的企业带来什么价值。最简单的解释是，搜索引擎上面每天都有非常多的客户找寻大量的信息，如果说，我们能够把自己的产品信息、公司网站信息放在搜索引擎的前面，就意味着能利用这个天然的、免费的大"鱼塘"带来源源不断的潜在客户和更多的商业机会。

2. 搜索引擎优化的价值

那么，搜索引擎能给企业带来什么样的价值呢？就以关键词"帽子"为例，每天会有成百上千个客人搜索，假如企业使用了符合搜索引擎优化和自然排名的方法和技巧，不但可以大幅度减低广告费用，还可以让企业网站免费排在网页搜索结果的最前面，获得更多客人的关注，赢得潜在的商业机会。

这只是一个关键词的自然排名优化，如果优化多个关键词，效力将会非常大。基于这个"鱼塘"，我们可以通过把自己的网站内容做得更好、排名最前抓取到更多的潜在客户，这就是搜索引擎营销的价值。

第二节　搜索引擎优化的工作流程及注意事项

1. 关键词的选择

相信你已经知道了关键词选择的重要性，关键词决定了后期搜索引擎优化的方向。如果说，前期没有在关键词上花大量的时间准备和测试，将会增大进入误区的可能性。再者，外包给做搜索引擎优化的公司，就更加要求关键词方向的正确性。企业需要花大量的时间去准备关键词，并提供给第三方公司，因为对方公司并不是行业内的专业人士，只有词汇提供准确，才能保证时效和成效。

关键词的搜索量决定了后期网站的访问量，可以用 Google 的关键词工具，在 Google 上面搜 "Google 关键词工具"就可以找到。可以把你想推广的关键词输入进去，验证和测试这些关键词的搜索量。搜索量比较大的词汇，自然排名排位上升比较难，所以有很多公司，在测出关键词之后，将一部分投做 Google 广告；对于一些搜索量比较小的词，就先做自然的优化。

难度的大小决定了后期要通过多少搜索引擎优化的基础工作使网站出现效果。基于我之前的经验，如果你懂行，至少要用 6 个月的时间才能初步显现自己企业网站的效果。

假设企业有时间，但没有资金，那么可以通过 SEO；假设企业有资金，则可以找寻第三方的外包推广，同时投放 Google 付费广告和 SEO。唯一要掌握的关键是对关键词的理解和测试，传统企业转型期熟悉产品的人要参与其中。

2. 在 SEO 的推广中重视关键词

为什么要在 SEO 的推广中重视关键词呢？

这些词汇的搜索量、搜索的多样性以及优化难度的考察，都是我们前期需要花很多时间测试并且探讨的。抓准了这些关键词，就意味着做好了搜索引擎营销当中的八成。在这过程当中，如果你没有了解过搜索引擎优化，那你至少需要花半年的时间去研究、测试和应用这些词汇。

3. 选择关键词需注意的因素

选择关键词需要注意哪些因素呢？

（1）产品型关键词

在关键词的方向上有两类，第一个大类是属于产品型关键词，即以产品品名作为关键。就好比投放 Google 广告的同时也要去看看同行投放的关键词，并密切关注这些词汇，进行相应的投放测试。如果这类产品型的关键词有价值，就可以优化到每一个网页上。当然需要注意，产品关键词是否与当前网页或产品具备相关性。

（2）品牌类关键词

第二类是品牌类关键词，比方说，品牌加上产品名称的组合可以让冲着品牌去买东西的买家找到你。这些顾客，对于价格，其实是不敏感的。那么，我们应该投其所好，将潜在的客户吸引到自己的网站上面。

例如，在轴承行业当中，NSK（日本精工株式会社）、FAG（德国舍弗勒集团）都是行业当中历史悠久的品牌，轴承企业就可以有针对性地去做词汇的优化。而在我们自己的产品页面中，也可以提到，产品品质能跟它在一个水平上，或能提供类似品牌产品的加工。

希望以上心得能使企业在关键词的锁定方面有一个明确的思路和方向。谨记不要去找一些根本没有人搜、根本不是对口买家去搜的词汇。当我们列出一条关键词清单后，更需要亲自测试。

第三节　做好搜索引擎的策略

没有被 Google 收录的网站，我建议第一步需要做的是投放 Google 广告，预算在每日 100 元左右以便更快地使客户找到你的网站，通过询盘质量测试访客是否为目标客户。在三个月内测试完关键词方向后，如果有资金，应一方面用几乎免费的成本优化长尾词，另一方面增加投入竞争性较大的关键词的费用。

搜索引擎以搜索为关键点，所以如果在词汇的选择上面出了偏差就会影响搜索结果。比如当线下的产品命名方式和线上的命名方式不一致时，又或者中英文翻译不够精准时。在国际贸易当中，如果词汇的选择方向错误，则会导致推广无效。在关键词的选择上一定要慎重，并且要花很多时间去测试、研究、分析。

企业可以搜索一下自己设定的关键词看看是否能找到同类型的企业、同行业的企业、同规模的企业。这样就知道词汇的选择是否有问题，是否需要纠正。然而，在试营销之后也可以看看这些词汇是否能带来有针对性的客人和有价值的询价。

1. 关键词的优化

在选对了关键词后，要把这些词汇自然地优化在这个网页内。好的站内优化是后期外部 SEO 的工作的根基。比如在搜索引擎搜索到某个词汇，打开了你的网页但网页的内容跟买家搜索的内容不相关，或者内容中没有太多提及到推广关键词，都会影响到搜索引擎排位的秩序和价值，进而直接影响到询盘价值。

关键词的方向其实也跟 Google 广告密切相关，抓准了关键词，不但对搜索引擎优化起到了重要的作用，也会在无形中影响 Google 广告的效果。

（1）明确关键词时应侧重于哪个点

搜索量。建议您使用 Keyword（关键词测试工具），Adwords（基于搜索的关键词工具），能够测试关键词在 Google 上面的搜索量。搜索量特别大的，必须明白通过自然排名优化短期内不会排到最前面，急于求成的可以选择投放 Google 的广告；一些其他词汇，就可以通过优化产品页面来达到你自然排名的目的。

当你的关键词有 200 多个，每个词每天的搜索量超过 10 次，就意味着搜索引擎排名能够带来每天两千个以上的国外客人访问。在正常情况下，如果每天拥有两千的访问量，那么 10 封左右的垂询肯定是能得到的。

我们也可以反思一下，之前的询盘是怎么得到的，也是 B2B 公司通过自己的大量的关键词，甚至几万个或几十万个关键词的营销，再深入到不同搜索群当中，使得这些客户搜索到你在 B2B 平台上的广告，从而给你带来询价。

有些企业问我，已经在 B2B 平台上投放了大量的广告也购买了橱窗展示等，还要去做 Google 广告和 SEO 吗？答案是有必要去做的，因为你只要一天不在 B2B 平台付费做广告，排名就会下降得非常快，几乎是一天都没有询盘，但如果你自己的网站做了排位和优化，便可以随时得到客流量，只要再做一些相应的日常维护，再推广一段时间，稳定了之后就能一直得到这样的客流量，不需要再给 Google 付任何的广告费用。

关键词的难度，建议搜索量在 1000 万到 10 亿以内。我们要明确地知道做好关键词的要点：第一，关键词方向的确认，关键词的测试；第二，搜索量的查询；第三，难度的参考。我们要平衡和评估以上三点，脚踏实地地做好后，再进行站内优化。

（2）什么是站内优化

在 SEO 中也叫作"内优外链"，即内部优化，外部链接。搜索引擎是抓取网页内容的工具，所以网页里的内容需要与推广的关键词相匹配。我们在站点的结构封面要更倾向于静态页面，方便 Google 更快地抓取你页面当中的内容，这样才能达到更好的效果。

关键词不能堆砌在一起，必须将关键词进行页面的增加和优化，这样的优化有什么用处呢？

也有好多的网站，虽然没有做太多的外在推广，但有很好的内容，也符合程序。对于一个优秀的网站，可以不用再做 SEO 工作，因为网站本身就已经取得了良好的排名，我自己的博客就是这样的。我的博客在优化推广上基本没有做，一直是在做内容，仅仅做了一小部分的优化，因为有相关的内容取得了很好的排位。然而，你们的企业网站也应如此，多花时间去研究买家搜索的标题，并将买家搜索的词汇添加到自己的网站上面，你就会获得比较好的排名。

2. 站内优化

第一，你可以尝试用鼠标右击任何一个网页空白处，查看弹出窗口，选择"查看源文件"或者"查看源代码"，在标签里包含 3 个元素，Title（标题）、Keyword（关键词）和 Description（描述），将产品的关键词、公司名、品名等加入到这个页面中，让搜索引擎抓取到相关性的内容，并且利用相关性将网址排放到最前面。另外，网址首页面并不是你要推广的唯一的站点，往后新添加页面也可以填写 Title，Keyword，Description，使搜索引擎能够更准确地抓取。

下图以阿里巴巴国际站为例演示操作。第二，必须清楚，不要堆砌关键词。搜索引擎很有可能会把它当作作弊行为。在网站标签优化后，可以要求推广的人去做一些修正，也要不断地更新内容以便完成站内优化。站内优化，其实也非常简单，维护人员要知道没有人喜欢看一个从来不更新的网站。

第三，在关键词的设置方面，要让关键词在整个页面当中很条理、很清晰地展现出来。例如做一个关键词导航，这些小的技巧就能吸引

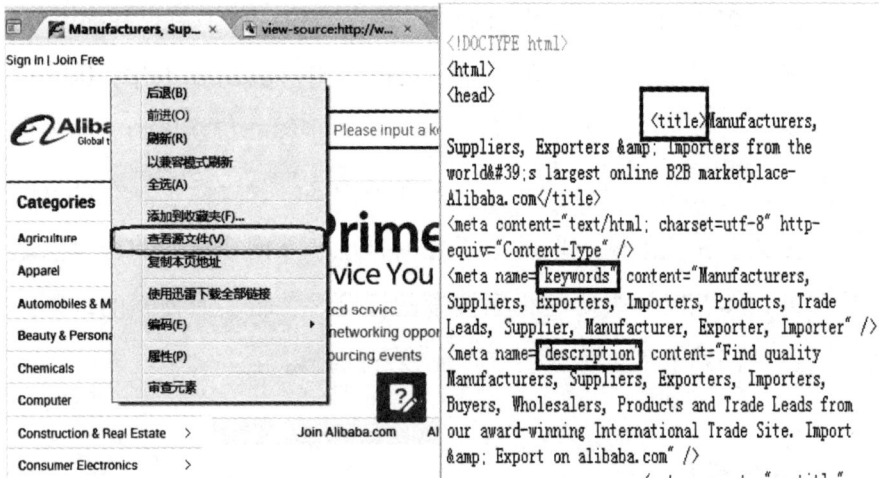

客人自然地阅读和浏览，也容易给你带来好的访问以及相应的垂询。

第四，外部链接的建设。在这过程中，有一个误区是有很多企业在自己的网站里链接了阿里巴巴、Made in China，这样做其实是没有价值的。因为外链讲求的是跟你行业当中地位相对平等、客流量差不多、行业相关性比较高的网站相互链接，而不是说你单方推荐别人。目前企业网站的影响力也不大，就算你推荐，别人也因为相关性的不平等不会回链你。我们要做的事情是，找一个行业有类似相关性、有价值的、外部的公开的博客等，加外部的链接对接到我们自己的网站上。

3. 高质量的外部链接

在我们站内优化完善后，高质量的外部链接对于提高网站的权重也是非常重要的，什么叫作站外链接呢？站外链接打个比方就像行走在社会上，没有人认识你，你在这个社会上的地位、名誉等这些相应的东西就不为人所知。但外面有一些高质量的站外链接，就如同有知名度、有影响力的人将你做了推荐，把他的可信度等传递到你身上，这样你就比较容易获得高的排位、权重和青睐。所以高质量的外部链接，就如同人员之间信任的传递，同时，也能够让你快速得到好的买家。

吸引访客，提高权重，也能够提高你的搜索引擎的排名。搜索引擎当中，有一个经典的话，"外链为皇，内链为王"，那么增加外链有哪些手段呢？在海外的话，有大量的公开博客、论坛、教文营销、目录营销、书签、社交像 Facebook，SNS（Social Network Service，社交网络服务）等营销，利用外部有影响力的资源推荐你的企业网站，让你的网站排名快速上升。

那怎么知道企业网站被收入的情况呢？也可以通过工具，Google或者雅虎的外贸工具，键入企业网址就可以找到对应的外链的情况，阶段性地检验成果。同时，你可以通过雅虎的外贸工具查找竞争对手添加的一些外部链接和渠道，这样可以避免走歪路。当你发现一个搜索位置比较靠前的国外网站，也可以学习该网站的内部链接是怎么去做的，并在关键词的选择上面获得一些相应的参考。在不断的学习和实践过程中，会积累更多的经验，通过自己的努力不断取得进步。

我服务过一家做气模的企业，它们搜索量比较大，竞争也比较激烈。在早期的时候，我发现这个词汇竞争比较激烈，通过分析后发现，气模和儿童游乐设施相关联，进而进行了站内关键词的添加以及重点推荐。当然对这些词语都进行了一段时间的测试。同时对国内外同行的外部链接、关键词进行研究，再有针对性地去服务我客户的网站，帮助他们在非常短的时间内取得了比较好的效果，推广三个月以后有批量的客人和明确意向的客户进行垂询，三年内就做到了行业前三。

操作成本非常低，也没有花费大量的金钱在 Google 广告上面，仅是一方面，通过 B2B 平台带给自己客流，另一方面，通过自己在搜索引擎的优化排名直接地抓住潜在客户，给自己带来很高质量的垂询，成果显著。在这过程当中，它们总共做了 5 个网站，5 个站点一个月总共能带来 80 封的高质量询盘，优质询盘数超过了 40%。

另外可以与大家分享一些我公司帮其他公司选择的关键词进行优化后的成果，都排在非常靠前的位置。企业如果请第三方公司优化了关键词的排名，也可以自行搜索检测是否效果如第三方公司所言。以下几幅图为选择关键词进行优化后的搜索成果。

4. SEO 最好和 Google 付费广告结合投放

例如我服务过的船舶企业，已经将其 60 个以上的关键词排在了 Google 的最前面，在核心产品的关键词上依然无法在六个月之内排在 Google 搜索的前段。从投资回报的角度上核算传统营销方式和 Google 广告的投入和产出，以仅 1~200 元就能获得一封高质量的询盘来说，成本是低的。

例如雅帝家居，对 Google 广告和 SEO 同时着手，一个月在自己的企业网站上至少能获得 150 封以上的垂询。通过雅帝家居的反馈可以得出自己网站上的垂询转换率明显高过 B2B 平台的。

第十章
信息共享，忠实拥护
——外贸整合营销之博客营销

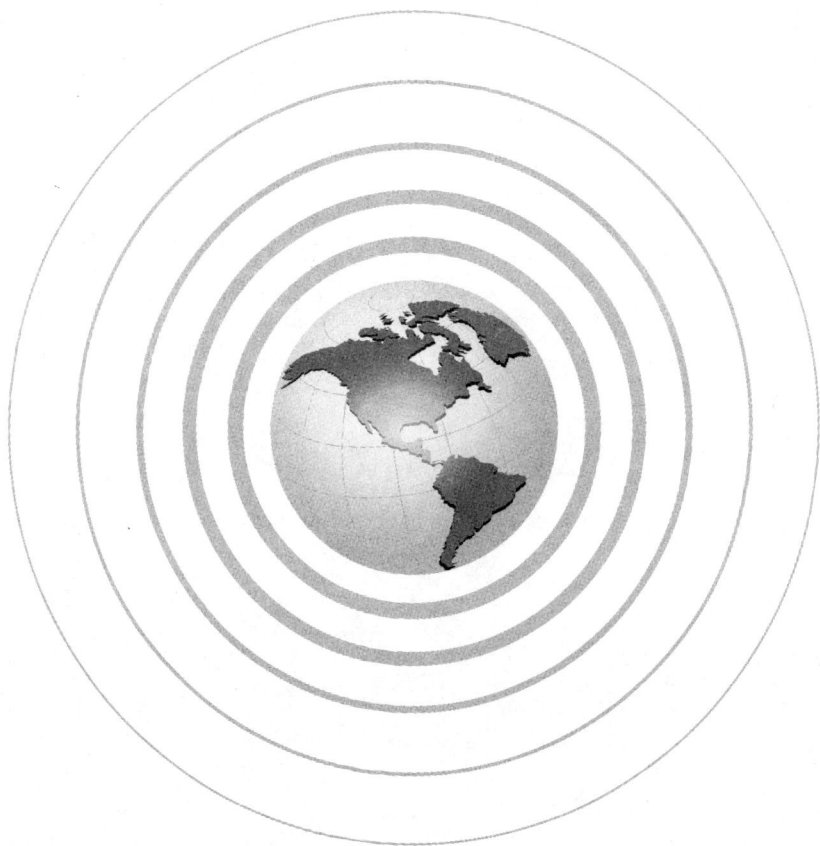

今天，绝大部分企业的老总不懂程序，不懂互联网上面的营销，而作为整个电子商务大环境中的人，怎么样去通过博客进行营销呢？怎么去构架博客，我觉得这是一个非常值得讨论的话题。基于我从2006年6月15日开始架构自己的个人博客到今天，我可以把我自己做博客的一些经验分享给大家，包括分享一些失败的体验。

博客，其实只是一个媒体。在你不懂技术的情况下如何去架构博客呢？首先必须要了解有关博客的一些背景和情况，并且弄清通过博客你能够得到什么，创造什么样的价值。对于那些手上没有很多客户资源，但有许多时间的外贸人员来说，博客营销是个不错的选择。博客对于绝大部分处于电子商务尝试阶段的朋友来讲是非常好的一种实践方式，因为它不但成本低，而且让你学到了分享的精神。

相信读者多少都有一些小时候写日记的体验吧，而博客，只是相当于用互联网取代了纸质日记本。如果是企业博客，主题就是把你企业的发展情况写到网上这么简单。其实并不需要把博客看得太复杂，其实它就是写日记的一种表现形式。

博客主要的大环境是这样的：2002年博客的概念被引入中国并得到快速发展；2006年中国网民注册的博客空间更是超过3300万个；截至2010年，中国拥有个人博客的用户规模已经达到2.21亿人，净增长1984万，使用率为53.8%，较2008年年底增长5940万人，使用率提升了 3.4 个百分点。这些数据说明了什么？说明越来越多的人希望通过一些互联网的媒体来表达自我、宣传自我，来让更多的人了解自己的情况。

博客适合已经有品牌的企业，为了维护自身品牌形象、吸引用户粉丝而作。为生存而努力的企业不建议在上面花费时间，毕竟每周都需要有专人用心地维护运营，却未必能从短期效益中看到回报。

第一节　博客的分类

博客主要分为以下三类。

1. 第三方博客

第三方博客即把店开在别人的屋檐下，店中店。比方说在新浪、搜狐、网易等网站上开一个博客，都是第三方博客。店中店的经营、管理、运维等由谁负责呢？它需要开店的人和承运主体共同维护。

2. 独立域名博客

假设用你的姓名注册一个博客，幸运的话，把自己的个人名字的汉语拼音或者英文名注册下来，网址形式大约都是 www.×××××××××.com，那么这时候就可以访问到你自己的博客了，例如我的博客：www.xiatao.com。

3. Twitter 和新浪微博类

这就是最新、最流行、最热门的 Twitter 和新浪微博类。首先因为人类未来的使用习惯是以手机为终端随时随地上网互动，例如新浪微博可以发布 140 个字的信息，便于浏览和学习，可以在自己闲暇的时候了解更多的资讯。这类微博注册起来也非常方便，新浪微博当中输入"夏涛外贸资讯"也能够很容易找到我的微博，我的新浪微博跟我的独立博客是互动的。在我的博客右边就会有我新浪微博的插件，通过该入口可以快捷进入新浪微博；通过新浪微博又可以很容易地点击进入我的个人介绍链接到独立博客，促成了更多的访问。

目前我的新浪微博上面的用户数，截至 2014 年的 7 月的话有将近 40000 名粉丝。这也就代表我发一条信息有多少人能看到呢？至少 40000 人。这就是一个平民媒体，这个媒体的力量能让你的粉丝知道你最近的动态。其实这就是未来你能够影响多少人，能够为自己创造多大的价值的体现。所以像我的个人博客，平均每天都有 1000 人以上访问，到目前为止，720 万人次的访问带来每个月 300 个左右的各方面主动合作的机会，这就是电子商务的价值。

从个体来讲，实际上在互联网方面最简单的就是从博客开始、从微博开始；从企业来讲，如何让你的企业在竞争对手当中脱颖而出，博客营销和自己企业站点的营销是非常关键的。那么这个当中就是我们了解到的有代表性的新型的博客方式。通过博客你可以分享自己的心情、日记，可以介绍公司的产品，也可以分享你在行业中的经验，所以博客既是企业营销的独立的媒体，且又是可掌控的媒体。

第二节　博客营销的价值

我认为要分两类谈博客营销的价值，一类是官方企业博客。它是企业的一个宣传媒体，能介绍企业和竞争者的差别，能够帮助企业吸引相关性大的潜在用户。有很多的企业博客还会展示参展过程和合影，介绍团队的情况等。另一类是非官方博客，非官方博客可以更多地介绍你产品以外的一些信息，分享个人兴趣以及行业资讯等。

1. 明确做博客的目的和期望值

归根结底，博客在这方面就是一个手段，关键是你要明确你做博客的目的和期望达到的效果。可以试着问自己几个问题，比如你做博客的具体规划是什么，达到什么样的结果你会满意等。我自己做博客所以我比较清楚作为一个博主要花多少心思和时间去维护自己的微博。

2006年6月15日我开始写博客，每一天晚上可能要花一两个小时浏览新的资讯并且写一些相关的文章，坚持做了两三年。

起初做这个博客的时候主要针对的受众群体是中小型的出口企业，因为我相信绝大部分的中小型出口企业对于外贸营销还非常不了解，认为外贸电子商务就等于利用B2B平台，所以我相信我所了解到的东西对于这些企业有价值，对于行业的从业者有价值。我当时写了这样一句话，"服务中小型企业，分享海外营销知识，结交五湖四海的朋友。"一语道破服务面对的对象。

既然对象明确了，就要思考读者关心什么。如果博客是一个营销渠道的话，需要考虑的问题则是他们感兴趣的是什么，写什么内容给他们看等。当时我很清楚地知道，大部分的中小型出口企业不知道在新环境下邮件营销应该怎么做，搜索引擎营销应该怎么去做，不知道还有很多国外的 B2B 平台可以进行信息的发布，不知道黄页营销也可以展现自己公司的信息、增加曝光度，而我在博客上的分享内容恰恰是围绕这个主题。

2. 怎样宣传自己的博客

做什么样内容的博客和准备用什么手段来宣传这个博客同等重要。如果你的内容有价值，但是别人并不知道你的存在，等于做了无用功。这时就需要思考网站做完了，博客做完了，潜在用户怎么找到你。如果做的是独立博客，那么实际上也是一个网站，也可以按照之前所说的网站推广方法去推广。

进而要思考达到什么样的效果你觉得满意。像我自己是通过博客来结交朋友，写到第四年的时候回报来了，其实一直有很多全国各地的朋友写邮件给我。从海外的推广服务应该怎么做到阿里巴巴快到期了应该怎么选择，再到你们这家公司能不能帮我们做海外推广服务的方案等一系列问题从天南海北袭来，我相信这就是价值。

3. 让博客成为联系业务的纽带

我原先的想法是把外贸营销的相关经验和知识分享给中小型企业的负责人，后来我发现其实事实不是这样的。中小型企业的负责人50后、60后为多，是中小型企业的外贸部经理和外贸业务人员在关注这方面的资讯，另外就是像我一样为外贸企业服务的公司。他们中有人主动联系我，包括寻求跟我的合作，为此我也认识一些朋友。我相信如果没有互联网、没有这博客，我就没有机会和他们相识。因为作为一家200人不到的团队责任人，我可能只能埋头于自己企业的日常经营，根本没有机会去知道他们对于我、我的经验、我所了解的一些资讯有兴趣。

第三节　如何建立博客

当你重视博客对于你个人以及公司的价值的时候，就更要清楚该怎么去做博客。

1. 注册域名

如果是不懂专业技术的人，又想设立独立的博客，首先要注册有特色的域名。推荐两家域名注册商：万网和新网，可以直接注册，最好是简短、方便记忆的。我的博客域名很简单，就是跟名字一模一样，夏涛，www.xiatao.com，便于识记。注册完域名以后，找一个空间，像新网、万网的话都是能够注册空间的，将程序放进去，公司的就放在公司网址.com后面，用www.×××.com/blog放上去。

2. 独立博客常选的程序

独立博客通常选什么程序呢？推荐两个我认为最方便的，国际建议 WordPress（一款个人博客系统），真正实现只要会打字，你就会写博客。将这个程序放在你通过第三方服务商购买的空间下面，跟域名挂上钩，托管好了就可以在上面写东西了。

博客的程序都是有自己"皮肤"的，可以直接调整到你喜欢的界面，设置完以后你就可以撰写相应的文章了。写作过程也是非常简单的，分标题和内容。当然，刚开始写博客的时候，你只需要把你感兴趣或者对别人有价值的信息先做一些分享或转载，注明来源。在博客架设完后，也可以设置栏目将自己的文章分成几类便于别人检索、浏览。

我的博客上是这样分类的，海外推广外贸的站点、外贸行业的资讯、买家的介绍、创业日志、电子商务行业的资讯的转载和分享。当然可以根据自己的实际情况进行借鉴和调整。刚开始的时候设置的栏目少一点，然后慢慢地去扩展把内容丰富起来。内容是非常关键的，没有人在乎你博客的"皮肤"是否漂亮、设计是否艺术，关键是内容。

在内容方面可以去做一些添加，如果你的初衷是推销你的产品，则需要把用户可能检索的产品关键词写进你的文章中，或者设置在标题当中。还有一些相应的插件功能，比如邮件订阅等。如果时间久了在博客上面写一篇文章，至少会有三千到四千人会在当天收到我这些文章的最近更新的信息。如果博客是你的个人媒体或者是公司媒体，有三千到四千人可以同时浏览，那就意味着你有向三千到四千人去营销一下自己及公司的机会，这种影响力比单个去告知要快得多。

3. 博客写作的技巧

博客写作是有可以学习的技巧的。刚开始不会写，文笔不好，博客也不会营销，其实这不重要，关键是记录。搜索引擎非常喜欢原创的东西。我从 2006 年开始写博客的时候，觉得自己在这一方面有经验，可以分享一些别人不知道的东西，便将这些一点一点记录下来。

写博客有几个小的要点。第一，联系事件，你可以去写一些行业当中相关的热门事件，发表一些你个人的评论。第二，如果是介绍产品，绝大部分的人不会关心你产品的细节，而是关心你的产品能够为别人带来的价值，所以要把产品写成故事，要附带客户使用后的感受，或者第三方的评价等。如果从企业博客的角度来讲，更重要的是第三方用户对你的评价。可以把这些线下的评价放在网上，让更多的人看到。把产品的功能故事化，产品的形象情节化。什么是产品的形象情节化呢？就是你可以通过对这些产品细节的描述，来确定这个公司的平台是不是值得信赖。博客是否能获得别人的信赖也是非常重要的。

我在博客上面分享的最多的还是行业资讯，因为所有从事外贸行业的人都很关心行业的最新资讯、总体营销情况和外贸情况，所以这个对于潜在用户是有价值的。我的博客还会发布自己的行程，方便一些朋友直接参加我的活动等。

4. 坚持铸就博客影响力

"世上无难事，只怕有心人。"所有事情的成功都无外乎"坚持"二字，创业是这样，写博客也是这样。互联网上面的坚持是非常重要的，能够给别人什么样的价值，能够分享什么样的文章吸引别人的兴趣，也是非常重要的。

未来是一个互动的年代，分享的过程当中会发现有一部分人开始提问，而我非常重视。只要有人跟帖我就会回复，基本上会在当天完成。这无形中就会创造一个口碑、一个影响力，就会有更多的人愿意主动发帖、跟帖，就有更多的人回访，甚至把你的博客放在他的收藏夹当中，作为他经常浏览的一个网址。当我认识线下的一些朋友的时候，有人告诉我说他看我博客已经看了两三年了，他的管理理念和外贸技巧已经悄无声息地变化了，这是互联网带给彼此的一些帮助和影响。

第四节　博客的执行推广

接下来给大家分享的是执行推广的时候要注意的一些要点：

1. 博客内容介绍的技巧

营销当中我一直强调的是内容为王。在内容当中要介绍哪些东西，我给大家做个简单的点评，主要有如下几条使用技巧：

（1）介绍你的职员、你的团队。你可以每个星期介绍一些你的团队成员，让他看到跟他做生意的是怎么样的一个人，生意的本质是跟人打交道。

（2）描述跟公司产品服务相关的一些内容。如果你是销售儿童产品的，你就要发送一些销售商可以提供给孩子或是孩子父母看的东西。

（3）分享公司最新发生的一些事情：有什么样的聚会，有什么样的活动，让他知道你这个公司确实是很有特点的一个公司，有一个文化在。

（4）预先告知销售活动。当你下个月有活动或是有一些产品销售的信息时，要预先告知读者一些相关信息。在这方面有个预告，让用户可以通过你的博客链接到你的公司站点，了解更多的和产品相关的信息。

（5）介绍新产品。今天苹果公司在新产品上线之前会把它的工程师设计出来的东西放在互联网上跟用户互动，通过用户测试去确定产品最终成型的样子。我原来是做出产品直接卖向市场，现在是我先有一个产品的雏形，然后通过互联网来测试用户对于这个产品、包装及价格定位的意见，从而最终确定价格。

所以在介绍新产品方面，就需要在你的产品还没上线时，在还没有真正地进入销售渠道时，便开始介绍你的新产品，然后预热你的市场。iPhone，不就是这样吗？

（6）公司服务的实际案例。你的买家、你的用户跟你合作之前是什么情况，买了你的产品之后又是什么情况？你为他创造了什么价值、提供了怎样的服务。把你实际的情况讲出来。如果你收到了用户的投诉，那么对于用户投诉你是怎么看待的？你是怎么处理的？

（7）公司服务流程。产品和产品之间没有差异性，但是公司和公司之间的差异性取决于你的操作和服务流程的不同。你的服务流程介绍意味着你介绍了你的公司、你的服务。

（8）客户服务团队的联系方式。你相应的这些客服团队回答问题的一些答案，也是实际案例。我们很多时候通过博客又多了一个渠道，向用户介绍了相应的可以链接到的客户服务的团队和能解决的问题，能向别人证明你的服务是值得信赖的。

（9）谈谈你自己公司的一些情况，公司层面的、网站层面的一些情况，包括你自己公司发展的一些最新情况。

（10）放一些视频。很多公司都有自己跟外国人的合影、视频或者照片可以把这些资料放到博客上，让外国企业及国内用户自己去浏览了解。现在通过视频营销也非常的普遍。就是因为大部分人仅通过文字的介绍是无法全面地了解产品是如何使用的。那么你就要考虑在博客放一些与产品相关的视频资料。有一些视频的资料以后，你还可以分享一些个人的兴趣爱好，因为像我们做国际贸易的朋友，各个地区有各个地区老外的风俗，所以我们可以分享一些各个地区的实际情况、娱乐性的东西。

（11）用户的评价非常重要。用户的感受、用户评价，用户自己写的有签字、有盖章的，这样的东西可以放上去。

（12）客户的一些嘉奖及嘉奖客户的照片。每年很多的企业都会评选优秀员工、优秀客户，那么这些照片其实是可以在博客中展示的。

2. 博客推广的注意事项

了解了有关内容和运营这个部分即可初步建立起一个博客了，但如何提高浏览量则需要进行博客的推广。那么，对于博客的推广有哪些注意事项呢？

第一，博客营销内容为王。没有好的内容，博客的营销就不会有好的效果！因为这个虚拟的网站就好像你在线下的实体公司，在网站这端，买家是以你的文字、语音、视频等资料来对你做出相应的判断，如果你没有很好的内容提供给买家的话，那么就不会有好的效果。

第二，保持定期的更新。如果你能做到每周更新，那么买家就会每周过来看，如果你能做到每个月更新，那么他就会每个月过来看一看。搜索引擎也会基于这个更新时间过来抓取相关的内容。我们可以围绕着买家搜索的关键词去写标题，那么即使你不懂搜索引擎优化的内容，也会使你博客的客流量逐渐增多，有了客流量以后，垂询量也会相应地增多。有很多人跟帖，你要及时回复，从而清楚掌握用户在关心什么样的内容。

读到这里你如果还是找不到感觉，不妨到外国人的博客下面跟帖，去看他的博文和分享资料，也可以访问行业圈内一些竞争对手的博客，在上面跟帖看看别人是怎么回复的。这些方法都会使你对博客有更深的体会。

后　记

法国哲学家古斯塔夫·勒庞曾经写道："人类唯一的宗教信仰一直以来都是、现在也是：怀有希望"。

这本书经历了整整 4 年的时间，总共写了七稿，已经完全推翻了最初的稿件，原因是走到出口企业内部才发现：当初的技术性推广内容不适合企业管理者看。作为我的第一本书，本着对读者负责的态度，我只好暂时搁置，直到近期才能真正地写出来。

有很多外贸企业见了如今外贸难的趋势，怕了。怕走弯路，怕血本无归，更怕错过最佳时机。但詹姆斯·艾伦曾经这样说："尽管去做崇高的梦吧，你的梦想是怎样的，你就会变成什么样；你的眼界有多高，未来就会飞得多高。"

本书将尽，关于学以致用、学以致富的忠告，所有的事情都要进行测试，选择适合自己的方式，不要迷失在学习的过程中，不要追求完美，明确学习的目的是提升询盘量、业绩和利润率，做出适合你自己的改变。

本书讲到的东西是我花费了 13 年才得到的经验，你不要奢望通过一周的时间就能够把它们消化吸收，从而变成一个完全不同的人。这不现实，就像我们总要通过许多失败，才能领悟到成功的本质一样。

不要放弃本书，在你收到成效之前，你将每天需要它的陪伴。它的每句话、每一章节都会让你有所收益，尽管它偶尔会让你看到自己昨天犯下的错误。

梅拉平发现，说话时人的肢体语言在信息传递中要占到55%的比重。因此，视觉印象拥有强大的影响力。实时参与我的线下课程与阅读本书必定带来不一样的体验。

创富互联—外贸黄埔军校是全国首创的针对外贸老板的精品课程，立志于做中国第一个能帮外贸老板创造成果的课程，并同时打造精英外贸老板的优质"生态圈"，整合行业最优资源，携手创富！关于品牌的跨境电商运营管理分享超过100场，受益企业管理者超过1万名。

创富互联—外贸黄埔军校《如何成就品牌跨境电商之梦》深刻剖析外贸老板烦恼的根源——战术执行上的勤奋掩盖了战略方向上的懒惰。切实帮助解答有关"付出多，回报少""询盘多，订单少""人多，出单少""方向多，落地少"等方面的问题，坚实助力企业的品牌跨境电商之路！

最后赠予大家阿尔伯特·哈伯德的名言共勉，"全心全力地工作，你就会取得成功，没有什么能与你一争高下"。

夏　涛

2014 年 10 月

如果以"卖给全世界——揭秘夏涛外贸整合营销"为题，将你的学习心得发帖于各大外贸论坛和网站，在文末留下你的 E – mail，我们将适时搜索，择优传播，并抽奖赠送夏涛的外贸整合营销宝典学习套装。或许，你能成为推荐本书的形象代言人呢？

我期望本书能激发你的欲望，修正你做事的思维方式，给你带来改变的成果。如果你做到了请发邮件到 philip@ richeslink. com，让我分享你的经历，我期待你的来信！